Languages and Cultures of the Russian Far East

Kulturstiftung Sibirien

Одежда и прикладное искусство
эвенов Быстринского района

составители:

Эрих Кастен
Раиса Николаевна Авак

Clothing and decorative arts
Evens | Bystrinski district

Erich Kasten
Raisa Nikolaevna Avak

Editors

Verlag der Kulturstiftung Sibirien
SEC Publications

Bibliografische Informationen der Deutschen Nationalbibliothek:
Die Deutsche Nationalbibliothek verzeichnet diese Publikation in der Deutschen
Nationalbibliografie: detaillierte bibliografische Daten sind im Internet über
<http://dnb.d-nb.de> abrufbar.

Kulturstiftung Sibirien | Фонд культуры народов Сибири
SEC Siberian Ecologies and Cultures Publications

Серия: Языки и культуры народов Дальнего Востока России
отв. редактор серии: Э. Кастен

Э. Кастен, Р. Н. Авак (*составители, редакторы*),
Фотографии: Э. Кастен

Данный сборник содержит эвенские тексты с русскими и
английскими переводами. Цель этого издания – сохранить
местный говор, традиционные знания эвенов Камчатки
и сделать возможным передачу их будущим поколениям.
Эта книга содержит обширную документацию особенного
быстринского диалекта, на котором говорят эвены, проживающие в южной части территории Камчатки.

Вместе с соответствующими звуко – и видеозаписями,
иллюстрирующими, как показатель, язык жестов собеседников, такие публикации также документируют для будущих поколений важные части духовного и материального
культурного наследия эвенов данного района.

Electronic edition and film/audio materials to the texts:
www.siberian-studies.org/publications/evenpredk.html

Предисловие

Данный сборник содержит эвенские тексты с русскими и английскими переводами. Большинство этих текстов было записано Эрихом Кастеном во время проведения семинара «Дети Севера – уроки культуры» в Эссо Быстринского района в 2000 году,[1] а также в период его более поздних полевых работ с 2003 по 2014 год совместно с Еленой Дульченко и Александрой Уркачан. Транскрипция записанных текстов и их перевод на русский язык производилась с 2004 года Раисой Авак, директором Корякского филиала краевого государственного автономного образовательного учреждения дополнительного образования взрослых «Камчатский институт повышения квалификации педагогических кадров». Мы благодарим немецкий фонд «Про Сибирия» за его щедрое пожертвование, покрывшее часть расходов на издание этой книги.

Эта книга – второй том серии учебно-дидактических пособий по эвенскому языку и культуре, которому следуют дальнейшие тома по другим темам.[2] Цель этих изданий: сохранить уникальный местный говор, традиционные знания эвенов Камчатки и сделать возможным передачу их будущим поколениям.

Пособие содержит обширную документацию особенного диалекта этого языка, на котором говорят эвены, проживающие в южной части Камчатки. При этом речь идет чаще всего о последних представителях того поколения, которое свободно владело этническим языком с раннего детства в семейном контексте, но многих, запечатленных в кадрах фильмов, к сожалению, сегодня больше нет. Вместе с соответствующими звуко – и видеозаписями, иллюстрирующими, как показатель, язык жестов собеседников, такие публикации также документируют для будущих поколений важные части духовного и культурного наследия эвенов данного района.

Концепция и оформление книги этой серии преследуют, прежде всего, цель стимулирования именно молодых людей к тому, чтобы интенсивно заниматься изучением родного языка и традиционных знаний своих предков.[3] Таким образом, данный вид презентации является целесообразным для использования учебных дидактических материалов в урочной и внеурочной деятельности общеобразовательных учреждений. Такой род презентации, в котором эвенский и русский

---

1 http://www.kulturstiftung-sibirien.de/ver_432_R.html

2 см. http://www.siberian-studies.org/publications/evenduch_R.html

3 http://www.siberian-studies.org/publications/PDF/sikkasten.pdf

тексты расположены на противоположных страницах, в большей степени отвечает литературным многоязычным изданиям, но в меньшей – лингвистическому соответствию подстрочных переводов. Опыты с похожими учебными материалами показали, что такого вида презентации встречают большее одобрение у читателей на местах,[4] заинтересованных в текстах, но владеющих лишь ограниченным знанием эвенского языка, при постоянном прерывании из-за чтения подстрочного перевода часто воспринимают это как помеху. Во время чтения русского текста на правой странице разворота, находя соответствие отдельных слов или пассажей на эвенском той же строки на противоположной левой, также может способствовать развитию интереса к родному языку.

Предлагаемая форма презентации служит в первую очередь научно-практическим целям. Однако, английский перевод текстов направляется международными заинтересованными читателями. Чтобы материалы могли использоваться также для лингвистических исследований, латинизированная научная транскрипция текстов предоставляется вместе в Интернете.

Упомянутым возможным группам пользователей предлагается, как ценное дополнение, одновременное издание ДВД видеозаписей, лежащих в основе текстов этой книги. С помощью «счетчика», наверху страницы, можно одновременно прослушать видеозапись к тексту – первая цифра означает номер строки, вторая – счетчик времени на аудиозаписи. Фильмы с многоязычными подзаголовками, собственно, также являются учебными дидактическими материалами. Чаще всего, некоторые рассказы сегодня не могут быть реально узнаваемы молодыми людьми, однако могут послужить стимулом для дальнейшего развития интереса в сохранении культурных традиций своего народа с детства и ранней молодости, прежде всего родного языка. Кроме того, ДВД такого рода с использованием английских подзаголовков, охотно используются коренными народами Севера Северной Америки и Северной Европы, которые интересуются, в сравнении со своим, культурным наследием малочисленных народов Камчатки и других областей Русского севера.

Фильмы подчеркивают также локальное отношение данных учебных дидактических материалов ко многим заинтересованным учителям национальных сёл Камчатки, с которыми мы смогли поработать во время наших исследовательских путешествий. Таким образом, использование видеофильмов вместе с книжным изданием на учебных

---

4 http://www.siberian-studies.org/publications/echgan_R.html
   http://www.siberian-studies.org/publications/PDF/itelskaz.pdf, стр. 9

уроках вызовет особенный интерес и дополнительную мотивацию у учащихся, когда они увидят и узнают при демонстрации сеансов своих близких, часто уже умерших родственников, знакомые места, родную природу малой родины.

Необходимо отметить, что возникали сложные вопросы при решении транскрипции эвенских текстов. С одной стороны, настоящие учебные пособия по эвенскому языку, используемые на Камчатке – на стандартом магаданском диалекте эвенского языка. С другой стороны, преимущественная цель серии изданий – сохранение уникального местного говора эвенов Камчатки, как главного элемента традиционного культурного наследия. Поэтому, предлагаемая транскрипция текстов ориентирует в первую очередь больше на то, именно, как люди говорят, чем на настоящий учебный стандарт. Что касается русского перевода – мы решили применить более свободный литературный перевод, чтобы содержание текстов было более понятно для общих читателей.

Э. Кастен, Р.Н. Авак

Introduction

This book contains Even texts with Russian and English translations. Most of the texts were recorded by Erich Kasten around the time of the seminar "Children of the North", held in 2000 in Esso, Bystrinski district, and during his later fieldwork in this area between 2003 and 2014 that he conducted partly with Elena Dul'chenko and Aleksandra Urkachan. Since 2004, the recorded Even texts have been transcribed and translated into Russian by Raisa Avak, director of the Teachers' College in Palana. We thank David Koester and Beverley Stewart for their assistance in editing the English translation. We gratefully acknowledge the generous subsidy by ProSibiria e.V. that covered part of the printing costs.

This is the second book in the series of learning and teaching materials on Even language and culture that is on clothing and decorative arts, and which will be followed by more volumes on other themes.[5] The aim of these editions is to sustain the particular local speech and knowledge of the Even people who live in Kamchatka, and to encourage and support their transmission to future generations.

The given collection of texts provides us with a broad documentation of the particular dialect that is spoken by the Evens who once made their home

---

5   The first volume was on Even Tales, Songs and Worldviews, http://www.siberian-studies. org/publications/evenduch_E.html

in the southern parts of Kamchatka. In most cases the recorded texts are from The first volume was tt the last fluent speakers of this language who had the opportunity to learn it as their mother tongue within their families. However, many of them have unfortunately passed on since this productive collaboration with them took place. Therefore, together with the accompanying audio and videofilms on DVD – that record the body language and facial expressions of the speakers – these editions comprise authentic documentation of the unique cultural heritage of this people, and provide a perpetual resource for those who wish to draw upon it.

The design of the volumes in this series intends to motivate in particular the young to learn more about the language and traditional knowledge of their elders and ancestors. Accordingly, these materials have proved useful even as learning tools in school classes and at community events. The presentation of the Even and Russian texts on facing pages rather than in interlinear form, as chosen here, corresponds more to the common standard of polyglot literature editions than to common linguistic conventions. Experiences with earlier text editions have shown that it is more attractive to read these texts presented in this way, especially for those who have no or only limited knowledge of the Even language. When reading the Russian text on the right side, these readers might become interested to learn more about a particular expression in the original Even language. While moving from time to time to the corresponding lines on the left page, more interest can be generated for some of them in not only recalling single words, but also full phrases in their language.

Therefore, in the given form the texts fulfil the practical purposes of sustaining indigenous language and knowledge. In order to make the texts available also to readers from other parts of the world, especially to northern indigenous communities outside Russia, the book also contains English translations.

The accompanying DVDs are recommended for all user groups as they contain the full audio and videofiles, which will also be available on the Internet. By means of the video time count that corresponds to the lines in the book, particular phrases or sections can be listened to and viewed in their full original context. This is certainly not only more informative, but also triggers additional interest among the youth, who then see visual impressions of familiar locations portraying how their grandparents or ancestors once lived there. Such visual materials, together with the spoken and translated texts, aroused particular interest during earlier presentations in other northern indigenous communities outside Kamchatka and Russia, where they encouraged useful cultural exchanges.

In conclusion, it should be noted that, regarding the adequate transcription of spoken Even texts, some things had to be considered in a well-thought out and balanced way. On the one hand, school books and other teaching materials that are used in Even classes in the Bystrinski district refer to the Even dialect that is spoken in the Magadan district, on the other side of the Okhotsk sea, as that was chosen in Soviet times as the standard for Even teaching materials. On the other hand, it is the main aim of the given edition to document and sustain the unique local speech and local knowledge of Evens who live in the southern parts of Kamchatka – whereas earlier strategies have often proved counterproductive in this regard. Therefore, the recorded texts are transcribed here as closely as possible to the way people actually speak, and not according to still prevailing school book standards. We are aware that this can sometimes cause confusion – but this has also been the case before, when students had to learn from school books an Even language that was different than the one spoken by older family members at home. For the Russian version we opted for a freer translation of the texts to make them more convenient to read and easier to understand.

Erich Kasten, Raisa Avak

Воспоминания
Remembrances

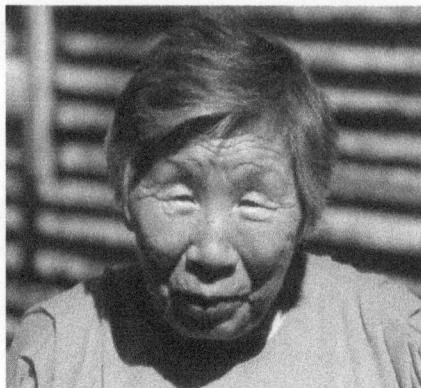

Adukanova,
Mariia Konstantinova

Esso, 09.09.2003
Esso, 09.03.2000

**Адуканова,
Мария Константиновна**

«У меня юрта была»

М. К. Адуканова, с. Эссо, 09.09.2003

ELCЗ-01_1.1   ‖ 1 › 00:19 ‖ 5 › 0:27 ‖ 10 › 0:46 ‖ 15 › 1:21

1   Это у меня юрта была, юртаву бишин эрэк целый северду,
вот целая.
Я взяла минэриву нян эр эмуриву юртав,
северлэ эмэптын юртаву. На севере осталась юрта,
5   вот оттуда я отрезала, я уже сказала.
От этого вот оленеводам хаӈаннотта
уӈгэтэн ӄонайтагатан, этэн улапта, оӄ-та этэн улапта эрэк,
и дотӈатан-да хаӈанна эррочим, няма бивэттэнэ эррочинни.
Олачиӄӄатан-да хаӈаннотта эррочиндук-тэ тар,
10   этэн улапта,
ӄоялатасандиллаӄатан, хаӈаннотта мян дёрдилу көстуку.
Тарак тар ӄоялаттаӄатан,
гдештин мөнтэлсэ оӄла ишшоттан.
Таваштады коптить.
15   Би юртагай туллөттэм уӈдан дубгичильдывӈэй.
Тараӄ этэн улыбнар-да, аит-та ибдин.
Би юртады эрэгэр некэддёттэм.

"I had a yurt in the north"

M.K. Adukanova, Esso, 09.09.2003

1   I had a yurt in the north,
    it was still intact.
    I cut off parts and brought this yurt here.
    I still had my yurt in the north, there was a yurt in the north.
5   And I cut from it, as I said already.
    They sew pants for the reindeer-herders from hide like this,
    they don't soak through, they never soak through.
    And they sew inner-boots, it's warm in them.
    From this hide they also sew summer boots,
10 they don't soak through,
    when they get ready for summer pasture.
    They sew 12 pairs, when they stay at the summer pasture,
    it's enough all the way until fall.
    Moreover, one has to smoke them.
15 I set up the yurt for that, so that I can do the smoking in it.
    Such hides will not soak through, and they hold up well.
    In the yurt I do all this.

---

1   У меня юрта была, юрта была целая на севере,
        целая.
    Я взяла отрезала от неё и привезла эту юрту.
    На севере осталась моя юрта. На севере осталась юрта.
5   вот оттуда отрезала, я уже сказала.
    Из такой шкуры для оленеводов шьют штаны,
    не промокают, никогда не промокают они,
    И чижи шьют такие, тепло бывает в них,
    Летнюю обувь тоже шьют из такой шкуры,
10 не промокает,
    когда собираются на летовку.
    Шьют 12 пар, когда находятся на литовке,
    достаточно вплоть до осени.
    Подальше надо коптить.
15 Я для этого юрту ставлю, чтобы в ней коптить.
    Такие шкуры не будут промокать, и хорошо хранятся
    Я всегда в юрте всё делаю.

«Тяжело шить, выделывать, сразу никак»

М.К. Адуканова, с. Эссо, 09.03.2000

ELC3-01_1.2 ‖ 1 › 1:37 ‖ 5 › 2:13 ‖ 10 › 02:54 ‖ 15 › 3:21 ‖ 20 › 3:46 ‖ 25 › 4:07 ‖ 30 › 4:29 ‖ 35 › 4:51

1   Тяжело шить, выделывать, сразу никак,
    быстро не сделаешь, всё надо подогнать.
    Это дедушка собрал бисер, надо шить.
    Вот у меня мешок – *авша*.
5   Сюда я иголки, всё для своей работы кладу.
    А это я торбаза себе шью,
    а то всем шью, а себе – нет.
    Надо каждую бисеринку между ними прошить,
    чтобы не порвались.
10 Сейчас никто не шьёт.
    Лентяи, не хотят учиться.
    Эвенский орнамент вот это, чисто эвенский.
    Я ещё сделаю здесь орнамент, красиво, чтобы вот так было.
    Мама у нас мастерица была.
15 Мастер мама была шкуры выделывать,
    это я плохо делаю, а у мамы прямо как вата.
    Они рано вставали, ещё солнца нет,
    уже начинали шкурами заниматься.
    Вечером поздно тоже шили.
20 Сначала камусы надо было приготовить,
    всё чтобы было готово, только тогда начинали шить.
    Садились кроить, шить.
    Один день можно было только кроить-кроить,
    а потом начинали шить. Так быстро.
25 Если всё хватает, можно быстро сделать,
    А если не хватает, пока ищешь,
    у людей просишь.
    У кого лишнее есть – дадут,
    некоторые не дают, потому что нет у них ничего.
30 Мы не знали, что такое сапоги.
    Я только на севере надела такие сапоги.
    Летние кожаные торбазики я шила,
    такие носили летом,
    а осенью, когда дождь и снег,
35 вместо сапог шили из оленьей шкуры обувь,
    вот такую, как резина.

"Sewing and cutting is tedious"
M.K. Adukanova, Esso, 09.03.2000

1 Sewing and cutting is tedious; there's no fast way.
You don't do it quickly, you have to keep at it.
My grandfather collected these beads, they have to be sewn.
This is my bag – an *avsha*.
5 I put my needles and everything for my work in here.
And this, I am sewing boots for myself,
Although I sew for everyone – but not for myself.
It's necessary to sew each bead in between them
that they don't tear off.
10 Nowadays no one sews (anymore).
They are lazy, they don't want to learn.
This is Even ornamentation, uniquely Even.
I am making a decoration here too, so that it will be beautiful.
Our mother was a crafts-woman.
15 She was very skilled in cutting furs,
I do it badly, but for my mother it was like cotton wool.
They got up early, before sun came up,
and they already started working on their furs.
They also sewed until late in the evening.
20 First they had to prepare the furs from the legs of the reindeer
so that everything would be ready, only then did they begin to sew.
They sat down, cut and sewed.
One day they might only cut and cut,
and then they started to sew. It was fast that way.
25 If they had everything they needed, they could do it quickly.
But if you don't have enough of something, you look
or ask somebody.
If someone has some extra – they give it [to you],
Some won't give, because they don't have anything.
30 We didn't know what rubber boots were.
Only in the north did I put on those rubber boots.
I sewed leather summer boots,
that's what we wore during summer,
but in the fall, when there was rain and snow,
35 instead of (using) rubber boots we sewed boots from reindeer furs
like this, like rubber.

«Тяжело шить, выделывать, сразу никак»
(продолжение)

Так и носили везде,
и по воде лазили, никогда не промокали.
У нас-то ещё есть своя одежда.
40 Я ещё не забыла. Шью.
Всё мы сами шили:
летом – «олачики» из летней шкуры.
(летняя обувь из ровдуги, замши),
а зимой – торбаза шили и штаны.
45 У Серёжи есть штаны меховые.
В матерчатых холодно,
замёрзнешь в тундре, сразу колом встанет.
Поэтому мы всегда свою одежду носим.
А бисер нам американцы что ли давали.
50 говорили, наши пушнину забьют,
соболя или лису, потом меняли на бисер.
Вот так вот, много работы, очень много.
Вот это японской верёвкой шили,
потому что оленья рвётся, долго надо шить,
55 чтобы крепче держался, будет завязывать,
может порваться, надо крепко пришивать.

We wore these everywhere,
We even walked in the water, and they never soaked through.
We still have our clothing.
40 I have not yet forgotten, I'm (still) sewing.
We sewed everything ourselves:
In the summer – *olachiki* from summer hides.
(summer boots from smoked hide)
But in winter, we sewed (winter) boots and trousers.
45 Sergei has fur trousers.
Cloth clothing is cold,
you freeze on the tundra, immediately you get frozen stiff.
Therefore we always wear our clothing.
But Americans gave us the beads,
50 they told us to hunt our fur-bearing animals,
sable or fox, then we traded them for beads.
That's how it is, lots of work, very much.
This we sewed with Japanese thread,
because reindeer hide can tear, sewing takes a long time,
55 so that it holds firmly, one has to tie it up,
it can tear, it has to be sewn tightly.

Tylkanova,
Tat'iana Petrovna

Esso, 04.10.2003

**Тылканова,
Татьяна Петровна**

«Разную обувь шьют»
Т.П. Тылканова, с. Эссо, 04.10.2003

ELC3-01_2 ‖ 1 › 00:02 ‖ 5 › 0:36 ‖ 10 › 1:20 ‖ 15 › 1:52

1 Ирбэт эсэпчэв ишэӈур уӈӈөттэ қочайётта,
  ишшон нэбуливэн аталлотта,
  Нян гякив унтагавур аӈаннотта, ороттыв-да.
  Нэндэкэв бэкэллэ эр
5 ноябрьский ишу уӈӈөттэ киммотта,
  қочаиддётта эйду, нян нупкитиддёттэ,
  дуктурурикэн-дэ гекич, тымбэкэльдиддёттэ
  Эйду кимныдюр, тар аӈаныдиллотта нян эр,
  тугэни одақан, кимныдюр аӈанылдывӈавур.
10 Тарбач уӈу-дэ чопақачаргавур гекиқақарбу аӈаннотта
  ишкэкэрбэ, яв-да-тыт эштэн тачиннун ушэӈэччөттэ,
  эйду чақуччотта.
  Қуӈаӈалтан-да хое бишэкэтэн,
  унтагатан маннучотта
15 нэбули аӈандавур доталқан эркэтэн-дэ тугэсэн бивэттэн.
  Бугэл қуӈал бими, эшу-дэ иӈэммөттэ, тэки-ши
  Амтылбун аича этувэттэ муну,
  ойгакун-да нямуник аӈаннотта.
  Хялта одақан эр,

18

"We sew various kind of footwear"
T. P. Tylkanova, Esso, 04.10.2003

1 They scrape the old fur
   and take the hairs off.
   Then they sew various (kinds of) footwear, in the Even style.
   For a *kukhlianka* (fur coat) separately
5 they prepare November-furs.
   They scrape all of it, then smoke it,
   color it in various ways, cure them until they get soft.
   Having prepared everything, they begin to sew,
   when winter comes, from what they had prepared for sewing.
10 And they also sewed various (types of) boots for themselves
   they threw absolutely nothing away from the hides and furs,
   they stored everything.
   If there were many children in a family,
   they worked at sewing fur boots
15 with inner liners and pants, for winter.
   When we were children, we never got cold, not like now.
   Our parents took care of us well,
   they made very warm clothes.
   When the cold temperatures came,

---

1 Старую шкуру скоблят,
   шерсть снимают.
   Потом разную обувь шьют, по-эвенски.
   Для кухлянки отдельно
5 ноябрьскую шкуру готовят.
   Скоблят всю, потом коптят,
   красят по-всякому, выделывают до мягкости.
   Всё подготовив, начинают шить,
   когда зима наступает, из приготовленного для шитья.
10 А ещё себе сапожки различные шили
   из шкурок, абсолютно ничего не выбрасывали,
   всё складывали.
   Если в семье было много детей,
   торбаса старались
15 мохнатые шить с чижами и штаны, зимние были.
   Когда мы были детьми, никогда не мёрзли, не то что сейчас.
   Родители хорошо заботились о нас,
   одежду очень тёплую шили.
   Когда наступали морозы вот,

«Разную обувь шьют»
(продолжение)

ELC3-01_2 ‖ 20 › 2:38

20 тар бу нёмачишчиддёту, ирукачиддёту-дэ,
    нямач тэтутникэн тугэсэктур ойдюр,
    мур ун дюр дотыгдычич,
    ҟуҟатнаҟун-да ады-да бивэттэн,
    авмун-да няма-а бивэттэн!

Адуканова,
Даря Борисовна

«Когда с детства наблюдаешь»
Д.Б. Адуканова, с. Эссо, 10.08.1999

ELC3-01_3.1 ‖ 1 › 00:10 ‖ 5 › 0:27

1   Бу тараҟама-си, тунңанмяр нюңэклэн, ороттыт тэтуттывун,
    школатки хөррөтту, тэтылэттывун,
    хушэил урэчин тэтылэттывун.
    Унталатчотту, если мэркэр насалла,
5   гөвэттэ, мэркэс хаңандис.
    Кучукэрэпчу упкуччөттэ,
    экму бичэ, унэт кучукэн бисив
    ноңан эрэгэр хаңаныддёттан, би көетчөттэм.
    Гякив хаңаныддёттан,

20 we were running outside and sliding,
warmly dressed in our winter clothes.
We had two pairs of inner boot liners
and a few pairs of gloves,
and how warm our fur caps were!

---

20 то мы бегали по улице и катались,
тепло одетые в зимнюю одежду.
Свои две пары чижей
и несколько пар рукавиц были,
а шапки какие тёплые были!

"If you observe from childhood"
D.B. Adukanova, Esso, 10.08.1999

1 At that time, until the 50s, 60s, we wore Even clothes.
When we went off to school, we put them on,
we looked like swans.
We put on fur boots, if we were to tear them,
5 they would say to us, sew them yourselves.
From our early years they taught us,
my mother died, when I was still young.
She was sewing all the time, I watched her.
She sewed various (things),

---

1 Мы в то время, до пятьдесят шестого, эвенскую одежду одевали,
в школу уходили, её надевали,
на лебедей похожи были.
Обувались в торбаса, если порвем,
5 говорили, сами их и шейте.
С малых лет обучали,
мама покойница, ещё маленькой я была,
она постоянно шила, я наблюдала.
Разное шила,

«Когда с детства наблюдаешь»
(продолжение)

ELC3-01_3.1 ‖ 10 › 0:44 ‖ 15 › 1:13 ‖ 20 › 01:34

10 олачику дюганиду нодыкаваттан умэкич.
  Кучукэрэпчи көечивми ай бивэттэн,
  чем хагдыӄлан, эникэн яв-да унур.
  Он-ӄа ӄуӈаду көетчинни, тачин-да.
  Нан эрэглэн-дэ тараӄ набботтан мэргэндулэс, он некэддытэн,
15 Тэми, бу-ши тэгэмӈэл,
  Лаучан бисин, илэ-ккэ ӈэнчэвун-кэ.
  Гору эчивун ботинкав, туфлив-да хар,
  мэркэр хаӈаннотту, ӄуӈалбу упкуччөттэ.
  Эссудэкун, он-да некэшэндэкун,
20 уму-дэ томӄадакун
  көетли ӄуӈалапчи.
  Но серьёзными такими эчивун уӈнэ.
  Потом же би гургэвчидиллыву, оӄӄалла тарит гургэвтиддир?

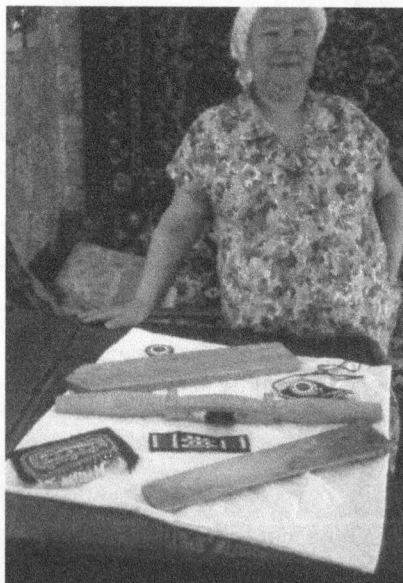

22

10 summer boots, she decorated them beautifully.
   If you observe from childhood, it's better
   than in adulthood, when it is difficult to understand things.
   As you see it in childhood, that's how it will be.
   It remains in your memory forever, how they did it.
15 We are newcomers,
   there was the village of Lauchan, where we went.
   For a long time there were no boots, and we didn't know slippers.
   We sewed our footwear by ourselves.
   Preparing the skins, as it's done,
20 how to make thread from the back tendons of reindeer,
   you observe it from childhood.
   But we did not sew essential things when we still were young.
   Then I began working, one should do these things for a period of time?

---

10 торбаса летние, украшала прекрасно.
   Когда с детства наблюдаешь лучше бывает,
   чем в возрасте, когда трудно что-либо понять.
   Как увидишь с детства, так и будет.
   Навсегда остаётся в памяти, как делали,
15 Поэтому, мы приезжие,
   село Лаучан был, куда приехали.
   Долго ни ботинок, ни туфлей не знали,
   сами обувь шили, детей обучали этому.
   Выделывать шкуру, как это делать,
20 как сучить нитки из сухожилия
   смотри с детских времен.
   Но серьёзные вещи пока в детстве не шили.
   Потом я стала работать, до каких же пор всем этим надо заниматься?

Lomovtseva,
Maia Petrovna

Esso, 18.08.1999
Esso, 16.09.1999

**Ломовцева,
Майа Петровна**

«Она делает жильные нитки»
М.П. Ломовцева, с. Эссо, 18.08.1999

ELC3-01_3.2 ‖ 1 › 02:01 ‖ 5 › 2:33 ‖ 10 › 3:05 ‖ 15 › 4:35

1 Она сейчас выдернет жилу.
Жила снимается не с ног,
а где соединение позвонков спинных,
начиная от лопаток до таза.
5 Она делает такие жильные нитки.
Хавай её мама, специально снимала жилы с ног,
они очень крепкие, сушила их, потом ссучивала нитки,
шила специально из жирных,
смачивала их чуть-чуть, чтобы не промокало.
10 Шила длинные «чари» из «галька», так мы их называли.
Раньше говорили «эӈкерэ», «тэбэк», это мы привезли.
Это я шила для брата, лосиные,
подошва из медведя. По-эвенски называют «кириш».
Кто это сшил? [Ӈи аӈанчан]
15 Бабушка шила это всё для работы брату
— оленеводу.
Остальное, что нужно мужчине, отец делал.
Это ты шила? [Эрэк хи аӈанатчаш?]
Это покрытие мама шила.

"She makes this thread from sinew"
M. P. Lomovtseva, Esso, 18.08.1999

1 She is now pulling out the sinew.
  You take sinew not from the leg,
  but where the back vertebra connect,
  starting from the shoulder blade to the pelvis.
5 She makes this thread from sinew.
  Her mother is a master, she took sinews specially from the leg,
  they are very strong, she dried them, then twisted threads,
  sewed especially from greasy (ones),
  she moistened them a little bit, so that it (the seam) wouldn't leak.
10 She sewed long *chari* from *galka*, as we called them.
  Earlier they said *enker*, *tebek*, we brought that.
  I sewed this for my brother, (from) moosehide,
  the sole is from bear hide, in Even it is called *kirish*.
  Who sewed that? [Ҥи аҥанчан]
15 My grandmother sewed all this for work for my brother,
  the reindeer herder.
  My father made the rest, men's things,
  You sewed this? [Эрэк хи аҥанатчаш?]
  My mother sewed this cover.

«Тогда в табуне»
М. П. Ломовцева, с. Эссо, 16.09.1999

ELC3-01_3.3 ‖ 1 › 5:14 ‖ 5 › 5:29 ‖ 10 › 05:45 ‖ 15 › 6:17

1   Тараӄам-та нян орду, кучукэн бишэку,
упкучиддётэн аӈандаку эчин-кэ, он-ӄа гөвэттэ-ккэ,
дипӄуты бидэн,
тараддаӄу ошалудаву.
5   Нян би өмнэкэнмэе тавашкима оруӄаттам,
аӈаннам нян ичукэнэм ноӈанду: – Көенни, – гөнэм,–
эчинмэе тарариву.
Унэтэ-ши кучукэгдэ тунӈан анӈану-кка эч бишэ?
Нян гунни, эштэн эчин аӈаннотта,яӄав эррочин гуиӈ бишинни.
10 Авгич ӄуӈа унуча, ичукэлли-дэ-вул-кэнэ.
– Тытэль, – гунни, – аваил бидэтэн,
моч бауватта унмавутан,
эчин, унмав анны? Эр унма гэрбэн.
Нян эчин бауватта, аваил бидэтэн туркуттыл.
15 Би ашшиди, ушиӈдэрэм уӈчэмэн, гөнэм,
этэм-дэ-тыт оӄ-та аӈанна,
тарма нян таридит амалӄариву, нян тавашки овӄаниву.
Би аяввоттам аӈанӄачиддай, аӈанаммоттам,
тарма аӈаныллыву илӄан, хөллөчилми

26

"Back then, in the reindeer camp"

M.P. Lomotseva, Esso, 16.09.1999

1 Back then, in the reindeer camp, I was just a little girl,
they already taught me to sew
so that the seam was tight.
They gave us reindeer leg furs to sew.
5 One day I cut and sewed incorrectly
and I showed it to my mother: "Look," I said,
"how I did the cutting".
I was little, I think, not even five years old?
She said, one doesn't sew like that, why are you so incorrigible?
10 How should a child know, she should have shown [me] how to start with.
She should have told us before so that we would know how
we were hit on the hands with a stick,
like that, do you know the word *unma*? That is the hand.
They hit us so that those who were inept would faster learn it.
15 I got upset and threw the fur aside, and I said
that I would never sew again,
although I soon learned to sew reindeer leg fur correctly.
I love to sew, want sew, in truth,
I learned to sew in the right way after traveling

---

1 Тогда в табуне, кучукэн бишэку,
упкучиддётэн аӈандаку эчин-кэ, он-ӄа гөвэттэ-ккэ,
чтобы плотный шов был,
давали сшивать камусы.
5 Однажды я неправильно выкроила и сшила,
показала матери: – Смотри, – говорю, –
эчинмэ тарариву.
Маленькая была, по-моему, ещё пяти лет мне не было?
Она сказала, так не шьют, яӄав эррочин гуиӈ бишинни.
10 Откуда же ребенок поймет, показала бы сначала.
– Тытэль,– гунни,– аваил бидэтэн,
моч бауватта унмавутан,
вот так, слово «унма» ты знаешь? Это кисть руки.
Били, чтобы неумехи быстрее учились делу.
15 Я рассердившись, бросила шкурку, сказала,
что никогда больше не буду шить,
хотя вскоре научилась и правильно сшивала камусы.
Я люблю шить, хочу шить, правда,
научилась по-настоящему шить после поездок

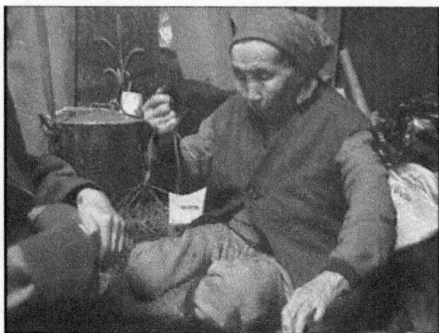

«Тогда в табуне»
(продолжение)

20 смотралтаки, гякилтаки,
Она-ши, иттиву, дюллэкэнэ хөллөчиткэттив-кэ көетникэнкэнэ,
он унтыл бивэттэ.
Көечиддэм, ями чайчибала мэр нургэддэ нэндэкэлдюр.
Нян гунэм, ями-да-ши бу-дэ этэру мэр ойдир тэтуттэ,
25 би-дэ уӈдиӈагу гунэм. Дюллэ-ши бу булатмияч тэтуттывун-кэ.
Нюмарилриди, тар аӈанадиллив, дабдыдми, гунэм,
яҟ орочил аӈаналылта-та бивэттэ,
мэн-дэ тэтуччөттэ аӈанчадюр.
Нян тадуҟ адыраҟан-да хөллөтми, он-ҟа гөвэттэ,
30 выставкатки, гөнитэн, нодыч аӈангаралла,
тарма гөн эдиллэ мэрӈивурнюн,
аӈанадиллаш, эдиллэ нючидыч томкачач аӈангаракилла,
томҟачай умэч мэр томкачадюр аӈангаралла.
Айдит-та бивэттэн, умэч томкачач ай бивэттэн,
35 дипты бивэттэнэ.
Аӈанадилми, би дюллэкэнэ чаҟачиддёттама ошалаӈалгай,
аӈандай унтавдавул.
Кирьекэм муру аӈанаддыву.

28

20 to exhibitions and various events.
But of course, I saw a lot, when I was traveling,
how other people live.
I watched the Koryaks dancing in their *kukhlianki*.
And I said to myself, why don't we wear our own (traditional) clothes?
25 I am also making a *kukhlianka* for myself.
Ashamed, I began to sew, so as not to be ashamed, I said
that Evens also know how to sew,
and can wear their (traditional) clothing.
So, several times having traveled, as I said,
30 to exhibitions, they told us to sew beautifully,
in the traditional way,
not with Russian types of thread,
but with reindeer sinew.
Of course, it's better with reindeer sinew,
35 the seams are smooth and tight.
When I start to sew, I first gather up the reindeer leg furs for boots.
I sewed bad fur.
A while ago I had scraped twenty reindeer leg furs,

---

20 на смотры, разные мероприятия.
А как же, ведь я увидела, когда была в поездках,
как другие люди живут.
Смотрю, коряки в своих танцуют кухлянках.
Я сказала себе, почему бы и нам не носить свою одежду,
25 я тоже сделаю себе кухлянку.
Устыдившись, стала шить, чтобы не опозориться, говорила,
эвены тоже шить умеют,
могут носить свою одежду.
Вот так несколько раз съездив, как говорится,
30 на выставки, нам сказали, красиво шить,
традиционным способом,
не русскими нитками,
а сухожильными.
Действительно, сухожильными нитками лучше,
35 швы плотно ложатся.
Когда начинаю шить, я сначала собираю камуса для торбас.
Плохую шкуру шила.
Двадцать камусов давно выскоблила,

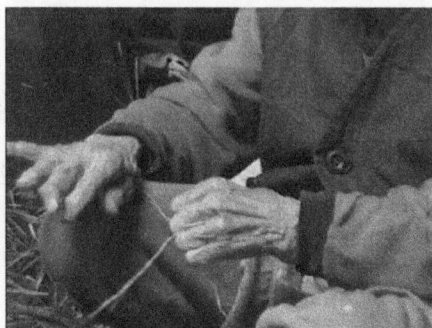

«Тогда в табуне»
(*продолжение*)

ELC3-01_3.3 ‖ 40 › 8:08 ‖ 45 › 8:33 ‖ 50 › 08:53 ‖ 55 › 9:07

Дёрмер ошалу ирэптукэн-дэ ӄочайриву, дюллэкэнэ ӄочаиддыву,
    тыльдундэн ӄочайривуӄана,
40 нян нэдыв гырбушэндэн,
нэвэттэм нөчэ анчиндулан, иннэдин.
Нян тымина амнаӄ эпкэмэлчирэм таравта-да,
нянда ӄочаишнам, аймаӄан ӄочайрам.
Ӄочайриди, нян адашнам, адаваттам адатыӈыч.
45 Адатыӈ бивэттэн-кэ тараӄ oриҭӄаӄан бивэттэн, нимнэ бивэттэн.
Тачин нян нэдэм тыминаӄлан тыминан эмнэм,
Тымина нянда тачин-та ӄочаидиллам.
Олгашанданкана эчин нэвэттэм,
эдэн энтэкэ дырбур,
50 дагриттаӄан.
Нян эчин ӄочаишнам, эчин ичишиндинни,
ями уӄал тэмбэкэн,
ай бивэттэн адачи бивэттэн.
Адашми-ши, ан-да нэвэттэ
55 юрта уӈнин эльбитыӈ анчиндулы яраӈни уӈӈөттэ эчин
эвэшки нубгивэттэ нуш одан, нуш
Тарма энтукукэн нубгилэ,
нян тар этэнэ-ши, нян гундир, тараӄ бучукча, ай бивэттэн.

30

at first I scraped for a long time, so that they would become soft
40 then I put them aside for a while,
   I put them next to plants, to absorb the smell.
   The next day I take them up quickly,
   (and) again scrape, meticulously scrape them.
   After having scraped them, I spread a concoction over them.
45 The concoction is made from reindeer feces, like porridge.
   Then I put the furs aside until the next day.
   The next day I come and scrape again.
   First I spread them out, so that they dry out a little bit,
   so that they don't dry out (too much),
50 the furs must not be kept spread open for too long.
   Then I scrape a little bit,
   I look, and the fur is already soft,
   because it was well covered (with the tanning concoction).
   After I having spread the concoction, I hang some of them
55 in the yurt behind the sleeping section,
   on the side,
   where there is more smoke, so that they get smoked.
   In fact, they get smoked a little bit so that they don't dry out,

---

сначала долго скоблила, чтобы мягкими стали,
40 потом положила на некоторое время,
   кладу рядом с растениями, чтобы впитывался запах
   Назавтра быстро их хватаю,
   снова скоблю, старательно скоблю.
   Выскоблив, намазываю настоем.
45 Настой бывает из кала оленьего, как каша.
   Потом складываю шкурки до следующего дня.
   Назавтра прихожу, опять скоблю.
   Сначала раскладываю их, чтобы подсохли немного,
   чтобы не пересохли,
50 шкуры долго открытыми не надо держать.
   Потом чуть-чуть скоблю,
   смотрю, а шкурка уже мягкая,
   потому что хорошо намазана была.
   Намазав, некоторые раскладывают их
55 в юрте возле полога,
   на той стороне,
   где больше дыма, чтобы прокоптились.
   Правда, немного коптят, чтобы не пересыхали.

«Тогда в табуне»
(продолжение)

Нян тар чақриди, уқал қочайриди эйду, тэмбэкэн овқаныди,
60 нян тар гирадиллотама-ши.
Дюллэкэнэ аӈаннотам чэлэвэн, ункивэнкэнэ аӈанаддам,
угэшки ӈэнудекэнэм, нян эчин көеттыди,
боқман көетыдилл⊖тэм,
он гиривми ай бидин, нодач.
65 Нян тар гиррыди.
нян уӈэдилл⊖ттэм аӈанадиллоттама-ши.
К⊖еч⊖ттэмкэнэ дюллэ онятыӈаи,
нёбатив аӈныв ошалу к⊖еч⊖ттэм,
табч амаӈгай гаваттам,
70 анун-да уӈэч дэвэчэ бивэттэн уӈчэдук туручэ,
айта-да тарақ бивэттэн, дэвэчэдук туручэ,
табч уӈнэ-ккэ чайчибалдула, би х⊖лл⊖чидми,
минду буритэн билга, нарга билгаван.
Нян тарав эчин монӈачай,
75 уӈриву тарит уӈгэй тыванқаваттыву, нод бидэн.
Эчин, он-қа г⊖вэттэ, томинуқаддыву,
нян тарав тыванқақаттыву, ичивун бидэн тэгэлэ.

then everything will be good. When I have gathered all that I have
    scraped, and after I have made the hides soft,
60 I begin to cut (them).
First I sew them all together, then I sew from below,
then I make a seam above, then,
after having looked it all over,
I begin carefully to look at the sides, how I could cut them further,
65 so that it would be beautiful.
When everything has been cut, I begin to sew.
But first I choose the patterns for sewing,
from white reindeer leg furs.
I look and I take other furs,
70 sometimes I choose from…
that looks good,
and once with the Koryaks, when I visited them
they gave me seal neck fur.
I prepared it,
75 immediately I added it to the pattern, for decoration.
So, as one says, I made use of it
attached it to the pattern that it would be seen from a distance.

Тогда всё будет хорошо. Собрав, всё соскоблив, сделав шкуры
    мягкими,
60 начинаю кроить.
Сначала сшиваю всё,пока снизу шью,
потом вверх шов веду, затем всё
осмотрев,
начинаю боковые стороны осматривать, как можно кроить
65 дальше, красиво чтобы было.
Всё покроив, приступаю к шитью.
Но сначала подбираю узоры для шитья,
из белого камуса
смотрю, другие шкурки беру,
70 иногда подбираю из…
это смотрится хорошо,
а ещё у коряков, когда я к ним ездила,
мне дали шею, шкурку с шеи нерпы.
Я её выделала,
75 сразу же вставила в узор, для красоты.
Вот так, как говорится, приспособила,
авставила в узор, чтобы видно было издалека.

«Тогда в табуне»
(продолжение)

ELC3-01_3.3 ‖ 80 › 10:15 ‖ 85 › 11:18 ‖ 90 › 11:45 ‖ 95 › 12:24

Тэгэнук ичудин, аич ичудэн нодыӄан.
Нян тар давгиван мудакриди,
80 тар давгиван нодыӄадиллоттама-ши илӄан-та.
Эшэм ояв уӈӈөттэ мурундугэл эштэн нисаввотта,
тараӄа-ши нисагал ургэ бивэттэн.
Эрэк көплэчилэкэтэнтэкэн нисамич аич,
а уӈэч нод бидэн, тачин-та эюмкун бидэн,эдэн ое бис ниса.
85 Табч нян көеттыди эйду,
уӄал нян эшшудилллэмэ-ши чэлэвэн эшшудилллэмэ-ши,
эшшигэй дюллэ тоже көечиддётэмкэнэ,
иррочим эшшу уӈдим эшшудим, иррочиныч эшшич,
эшши бивэттэн-кэ мутӈимӈэ орандук-та эшшувэттэ
90 иштук дырамач,
табч ӄобаланач, «мэмэешэч» гөвэттэ, эшшэ
«мэмэеш», ӄобалан ишшон.
Унэт эшшэвэттэ эр-кэ нарга уӈдин ӄумаш,
«ӄумаш» гөвэттэ нарга ишшон, наргачан…
95 Табч тар нодыӄав тачинта-да эштэн
элиӈэвэттэ нодыӄав аӈанми, нодыӄав аймаӄан
энтукукэн аӈаныддётта, элиӈэмину нян тар тачиннун уӈдиныши
аӈандин, тачиннун, эдэн нод биш.

The decoration is very visible.
After I have finished the other side,
80 I begin to really decorate it.
I don't use a lot of beads, one doesn't decorate working clothes with beads,
they're heavy.
It's for a dancing (robe) *kukhlianka* that beads are good,
for the beauty, the fur must be light, you don't need many beads.
85 After I have looked over my work
I begin to trim with fur.
I also choose the fur for that
what fits well for the trim,
we do trim from reindeer fur,
90 from thick fur, bear (fur),
memeshech as one says,
[and] trim from bear fur.
There is also seal fur trim,
kumashach is the name for seal fur, from a little seal.
95 When one does the decoration,
not rushing, carefully,
without hurrying one sews, if you rush, it won't be pretty.

Издали видно будет, хорошо будет видно украшение.
Другую сторону закончив,
80 начинаю украшать по-настоящему.
Много бисера не использую, рабочую одежду не украшают бисером,
он же тяжелый.
Это для танцевальной кухлянки бисер хорошо,
для красоты, шкура должна быть легкой, бисера много не надо.
85 Осмотрев всю работу,
начинаю оторачивать мехом,
мех для этого тоже подбираю,
какой подойдет для оторочки,
оторочка бывает у нас из оленьей шкуры
90 из толстой шкуры,
медвежьей, «мэмэешэч» говорят, медвежья оторочка,
из медвежьей шкуры.
Ещё оторачивают нерпичьей шкурой,
«кумашач» называют шкуру нерпы, нерпушкой.
95 Когда украшения делают,
не торопятся, аккуратно,
не спеша шьют, когда торопишься – некрасиво будет.

«Тогда в табуне»
(продолжение)

ELC3-01_3.3 ‖ 100 › 12:53 ‖ 105 › 13:16 ‖ 110 › 13:54 ‖ 115 › 14:19

Тарав уӈникэн эчин гирӄаватниӄан,
эрэгэр көетникэн уӈэддин аймаӄан,
100 эдэн-дэ чагич ичур аӈантыӈан, уӈэн-дэ
томӄачан-да эдэн ичур.
эчин эргич көетчинри, эргит-тэ нод-тыт-та бидэн аӈантыӈан,
а чагич ум этэн ичур.
А нян тар тавгивур көетчөттэ яч унэт ӈяладир,
105 эгденэч эштэн ӈялаватта, илюмкэкэндин уӈӈөттэ,
а если эгдемкэр бидин, кэнели бидин, илюмкэкэнэч уӈӈөттэ,
эдэн-дэ пушистый биш, илюмкун-тэ (гладкой) бивэттэн
А лучше давги уӈэвми онакидук ай бивэттэн ӈялатыӈ,
ӈинаш ай-та-да бивэттэн, чамаӄ айта-да,
110 тарма ангал эштэн ай биш, простоил,
муннукашугал эштэн уӈӈөттэ ӈялатыӈгавур,
дагриттаӄан нёвэнни тутуттэвур,
тапачкикаканду аӈанавми ай бивэттэн,
эр көплэчинэвми-ккэ нургэдектэки айта-да бидин муннуӄашач,
115 тарма амнаӄ тыбуӈа нашаммоттан.
Нян табч унэт ишу,

36

For example, when you're walking
you always have to look at yourself,
100 to see that the seams are not visible from the back,
the threads from reindeer neck sinew.
You also have to look from the sides, so that the seams would be
    beautiful,
and so that the threads do not stick out at the back.
You look it all over, to see what still could be added on,
105 one doesn't make large trim, one makes it carefully,
if it becomes big, it will not look nice.
It is made even, not fuzzy, nearly smooth.
The best trim is made from wolverine (fur),
dog fur also goes well, the tarbagan marmot fur is also good,
110 but other ordinary furs don't suit.
One does not do trim with hare fur,
sometimes it's used as a workaround,
One can sew slippers from it well,
on dance *kukhlianki* they do trim with hare fur,
115 but in truth it tears easily.
What else one should say about fur?

Например, когда шагаешь,
всегда себя надо осматривать
100 чтобы сзади не были видны швы, а ещё
нитки из сухожилия.
С боков тоже надо смотреть, чтобы швы были красивыми,
и сзади нитки чтобы не торчали.
Всё смотрят, чем ещё оторочить,
105 большую оторочку не делают,
если большая будет, выглядеть будет некрасиво, ровной делают,
не пушистой, почти что гладкой.
Лучше оторочку делать из росомахи,
собачья шкура тоже хорошо подходит, тарбаганий мех тоже,
110 а вот другие шкурки не подходят, простые.
Заячьей шкуркой не оторачивают,
иногда её используют для выхода,
тапочки обшивать ею хорошо,
танцевальные кухлянки оторачивают этой заячьей шкуркой,
115 правда, быстро она рвётся.
Что ещё про шкуру сказать,

«Тогда в табуне»
(продолжение)

ELC3-01_3.3 ‖ 120 › 14:43 ‖ 125 › 15:03 ‖ 130 › 15:28

ишу тачинта-да көечивми ай, тарма эштэн дыраму ишу
нэндэкэду аӈаннотта,
нэндэкэду көетчөттэ эдэн дырам биш иш.
120 Мулӄандавал ишэн аич бидин,
гулькэчэн ишэн ай бивэттэн, эюмкун, көрбэӈивгэл,
чаламӈи-да кэнели,
Дырам бивэттэн кожан, тэми эштэн уӈӈөттэ.
Энэшнэ ай бивэттэн-тэ-дэ,
125 энэшнэ эр-кэ тык онӈачар тар ишудир,
августала ай бивэттэн, сентябрьла,
ноябрьла тар энэшнэ ай бидин, тар ишэтэн онӈачар тык ишуддыл.
Умэн-дэ анӈанатан гулкэл ай-та-да бивэттэн нэндэкэдуӈэвэр.
Нэндэкэду гору ӄочаётта-да,
130 тэмбэкэрдэн тачинта-да.
Адыраӄан-да-адыраӄан-да ӄочайдир, адыраӄан-да ӄочаётта,
горо-о, он-ӄа гөвэттэ.
ӈэнэчил тытэль эштэн уӈӈөттэ, тар тачин-та овӄашчиватта,
дёдан одан, эдэвур улэр.

One also has to look at the fur very carefully, thick fur
is not used for sewing *kukhlianki,*
for that one takes fur that is not thick.
120　The fur of a two-year-old fawn works well,
the fur of a two-year-old female wild reindeer, it is light,
but the furs of males and castrated reindeer are bad.
Their fur is thick, therefore one does not sew with it.
The fur of a young reindeer is also good to use,
125　the fur of growing reindeer,
(taken in) August are fine, and those (taken in) September.
Those from November are also good, the fur from grown reindeer.
The fur from one-year-old female of a domestic reindeer is good for a
　　kukhlianka.
The fur for a *kukhlianka* is scraped for a long time
130　so that it becomes soft.
It is scraped several times, they scrape it many times,
a very long time, they say.
In earlier times the craftswomen never rushed, just to make it,
they sewed things, so that later you do not have to throw them away.

шкуру тоже надо внимательно осматривать, толстую шкуру,
не используют для шитья кухлянки,
для неё выбирают шкуру нетолстую.
120　Шкура двухлетнего телёнка подойдет,
тшкура самки-двухлетки дикого оленя, она легкая,
а вот шкуры самца и кастрированного оленя плохие,
Кожа у них толстая, поэтому из них не шьют.
Шкура теленка оленя тоже хорошо использовать,
125　шкура подросших оленят,
августовские хорошие бывают, сентябрьские,
ноябрьские шкурки тоже хорошие, шкуры выросших оленят.
Шкура годовалой самки домашнего оленя хороша для кухлянки.
Долго шкуру для кухлянки скоблят,
130　чтобы стала мягкой.
Несколько раз – несколько раз скоблят, много раз скоблят,
о-очень долго, говорят.
Мастерицы раньше никогда не торопились, лишь бы сделать,
шили вещи такие, чтобы потом не выбрасывать.

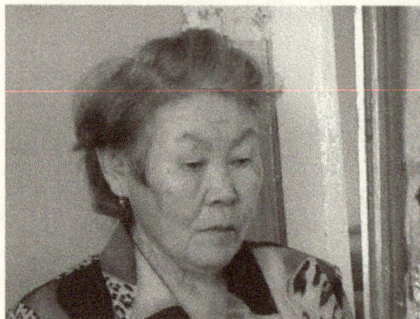

Smirovna (Ichanga),
Ol'ga Pavlovna

Smirnov,
Anatoli Alekseevich

Esso, 10.03.2003

**Смирнова (Ичанга),
Ольга Павловна**

**Смирнов,
Анатолий Алексеевич**

«Замшу ее делают сами»
О. П. Смирнова, А. А. Смирнов, с. Эссо, 10.03.2003

ELC3-01_4 ‖ 1 › 00:07 ‖ 5 › 0:41 ‖ 10 › 1:19 ‖ 15 › 1:53 ‖ 20 › 2:29

1   «Тыргыш» – замшу, ее делают сами.
    Замшу моя мама делала из любой шкуры.
    Замачивала в термальной теплой воде оленью шкуру,
    После этого приносит домой и снимает шерсть.
5   Шерсть прямо слазает, подсушивает её, она может пригодиться.
    Эту замшу сушит,
    во все стороны расстилает, да, растягивает,
    подсушивает и начинает выделывать, немножко камнем. Вот.
    Дальше процесс, чтобы мягкой стала, я не помню.
10 Шкура должна быть без дырочек, здоровая чтобы была.
    Сначала снимают мездру,
    потом коптят, потом, чтобы замша получилась,
    шкурку надо снять, намочат, слезла она, шерсть,
    ну а потом уже процесс свой: мажет она или чаем,
15 если нет оленьего навоза, не навозом,
    а именно содержимым желудка, где трава, кислота.
    Намазывает, чтобы она хорошо дубилась. Процесс долгий.
    Получается белая замша, а чтобы сделать черную замшу,
    используют заранее собранные шкурки кеты.
20 Именно кетовую шкурку, она же большая.

"Suede leather, we make ourselves"
O.P. Smirnova and A.A. Smirnov, Esso, 10.03.2003

1 *Tyrgish* – suede leather, we make it by ourselves.
   My mother made suede leather from any hide.
   She soaked reindeer hide in warm, hot spring water,
   After that she brings it home and takes the hair off.
5 After the fur is taken off, she dries it, it might be useful.
   She dries the suede leather,
   she spreads it into all directions, stretching it,
   she dries it and begins to prepare it, a little bit with a stone.
   The rest of the process, to make it soft, I don't remember.
10 The hide should be without little holes, to be good sized.
   First they take off the remaining fat (from the inner side)
   then they smoke it, so that comes out as suede
   one has to take off the fur, to soak it,
   and then its her own technique: she either spreads tea over it,
15 if there is no reindeer dung,
   or the contents of the stomach, where there is grass and acid.
   She slathers it so that it tans well. It's a long process.
   The outcome is white leather, but to make black leather
   they use chum salmon skins that they had collected earlier.
20 It has to be chum salmon skin, it is large.

ELC3-01_4 ‖ 25 › 3:21 ‖ 30 › 4:00 ‖ 35 › 04:50 ‖ 40 › 5:43 ‖ 45 › 6:17 ‖ 50 › 6:51

Эти шкурки нанизывают на палочки, получается ладейка, ладья.
Нарезают остаток кеты отдельно,
намочат, чтобы немного размягчить.
Затем пришпиливают к костерку, но чтобы не сгорело.
25 И от тепла шкурка начинает вариться.
Есть солома такая, как камыш, возле речки,
её поджигают в тазике.
Она сгорает, чёрный пепел собирают.
Вот этот клей, который появился у шкурок,
30 нельзя трогать руками, иначе можно прилипнуть,
это рыбий клей.
Пробуют его палочкой, если тянется – значит готов.
Берется зола из соломы.
Уже нарезанную замшу намазывают золой и клеем,
35 мажут хорошенько, прямо руками,
ее делали немного, только на украшения.
Подсушивают (получается черная замша, которая никогда не
    выцветет).
Для получения красной замши
использовали ольховую кору и гриб-чагу,
40 зола которого уже приготовлена и хранится в мешочке.
Если замшу покрасить ольхой, то она будет бледная.
Добавляют золу, размешивают и пробуют на лоскутке.
Если золы окажется больше,
чем надо, то замша получится темно-бордовая.
45 Лоскутки замши мажут смесью, сушат и складывают отдельно,
    чтобы зимой шить.
Летом некогда, потому, что много другой работы.
Мама шила очень красивые вещи: торбаза, кухлянки.
Медвежью шкуру вместо паласа стелили.
Из нерпы в нашу бытность сапоги шили,
50 а тогда, я говорю, тапочки моя мама шила.
Чауты делали из медвежьих ремней,
а если кто с побережья присылал,
то из нерпы тоже делали.

These skins are threaded onto sticks resulting in a shuttle.
They cut of the remains of the chum salmon separately
soak it so that it softens a little bit.
Then they set them up by a small fire, but so that they won't burn.
25 And from the heat, the skin starts to cook.
There is a kind of straw, like a reed, by the river,
they burn this in the bowl.
It burns, they collect the black ashes.
The glue, which comes from the (fish-) skin,
30 one must not touch it with one's hands, otherwise it could stick,
it's fish glue.
They test it with a stick, if it stretches that means it is ready.
She takes the ashes from the straw.
They spread the ashes and the glue on the already cut leather,
35 they spread it well, with their bare hands,
and add a little bit, to make it beautiful.
They dry it, and the result is black leather that never dulls.
To get red leather
they used alder bark and a birch tree fungus,
40 the prepared ashes of which are kept in a bag.
If one dyes leather with alder, then it will be pale.
They add ashes, mix it and test it on a scrap.
If there's more ash than necessary,
then the leather becomes dark red colored.
45 Scraps of the leather are smeared with a mix, dried and hung
    separately, to sew in winter.
There's never time in summer, because there is much other work.
My mother sewed very beautiful things: boots, *kukhlianki*.
They put out bear fur instead of carpet.
Boots of seal (skin) were sewn according to our tradition,
50 And then, as I say, my mother sewed slippers.
Lassos were made from bearskin leather straps,
and if somebody from the coast had sent (some),
we made it also from sealskin.

«Замшу ее делают сами»
(продолжение)

Еще из оленя толстые такие делали, называется «хоро» что ли.
Это окончание (сама петля) его (чаута).
55 Не каждый мог сшить аркан-то, не каждый.
Когда его шьют, рассчитывают, что он летит, именно летит,
сама петля вперед летит, в нее вшивается дробь по кругу.
А складывается так, что как ты его ни кинь, петля полетит вперед.
В само кольцо и метров пять в длину вшиваются свинцовые
дробинки,так ложатся (укладываются), что сам вес вперед летит.
60 Сама петля делается из медвежьей шкуры, а остальное – из оленьей.
Тяжелая, она летит хорошо.
Переметные сумки на оленях раньше возили.
Их делали из мордочек оленей, из голов, и все это шили мокрыми.
Сшивали, выворачивали, форму придавали.
65 Туда пихали вещи все, какие есть,
чтобы форму придать, растягивали и так сушили.
Так шили, что хоть что туда положи.
Ни пылинки, ничего внутрь не попадет.
Туда, где глазки были, вставляли что-нибудь,
70 или замшу, или тряпочку, чтобы пылинки не попадали внутрь сумки.
Хранили в сумке «ӄам» – сушеную рыбу, ну, чтобы это плесенью
покрылось – такого не было
Медвежий жир хранили в желудке оленя.
Дыру опять же нашпиливали палочкой из тальника,
и ничего не пропадало.
75 Хозяйка всегда знает на какую вещь какую шкуру взять.
Прежде всего, чтобы сделать изделие, шкуру выделывает:
сначала снимает мездру камнем,
который называется «кремень» или «халцедон».
Сняла она мездру тщательно,
80 потом смазывает шкуру травянистым содержимым желудка оленя,
складывает её, и шкура дубится,
за счет кислоты, которая содержится в желудке.
Потом шкуру очищает и смягчает другим инструментом,
который называется «кочай» (орудие для выделки шкуры
с железным скребком),

44

Also from reindeer hides they made thick ones, they are called *khoro*.
This is the end (the actual noose) of this lasso.
55 Not everybody can sew a lasso, not everyone.
When they sew it, they consider how it flies, really flies,
the noose itself flies ahead, one sews small shot in a loop.
But it's folded in so that when you throw it, the noose flies ahead.
There is small lead shot in the loop itself and in five meters of the length,
    it's put in like this, so that the weight of it flies ahead.
60 The noose itself is made of bear hide, and the rest of reindeer hide.
Heavy, it flies well.
The reindeer used to carry saddle bags.
They were made from the reindeer skin around the snout, from the heads,
    and they sewed it while it (still) was moist.
They sewed it, turned it inside out and gave it a shape.
65 There they stuffed things, whatever they had,
to give it a shape, they streched it and dried it like that.
So they sewed like that, so you could put things in it.
No dust, nothing gets inside.
They put something where the eyes (of the reindeer) were,
70 leather or cloth, so that dust wouldn't get inside the bag.
They kept dried fish in the bag, so that it would not become moldy.
They stored bear fat in reindeer stomach.
Again they inserted into a hole a stick of purple willow,
and nothing dropped out.
75 The homemaker always knows which animal skin to choose for which
    thing.
Above all, in order to make something, she has to prepare the skin:
first she removes the remaining fat with a stone,
which is called flint or chalcedony.
She removes the remaining fat carefully,
80 then she smears the hide with the grassy contents of a reindeer stomach,
    (then) she spreads it out and the hide cures
from the acid that is kept in the stomach.
Then the fur is cleaned and softened with another tool,
which is called *kochai*, (a scraper with a metal blade)

выделывает, пока шкура мягкой не станет.
85 Щупает, если совсем мягкая – тогда хорошо,
Затем шкуру крепят за жерди юрты,
чтобы коптить, потом красят.
Некоторые не красят, но крашеная же лучше.
Красят после копчения, когда шкура уже готова.
90 А там уже как хочешь, можно шерсть снять, сбрить.
Если на кухлянку, то ее не сбривают.
Кухлянка должна быть с толстой шерстью.

and so she works it, as long as the fur is still not soft.
85 She feels it, (and) if it is completely soft – then it is good.
Then the hide is tied to the poles in the upper part of the yurt,
so that it gets smoked, and then it's dyed.
Some do not dye, but dyed is better.
They dye it after the smoking, when the hide is ready.
90 And then as you want, you may take the hairs off, shave it off.
If it is for a *kukhlianka*, they do not shave it.
A *kukhlianka* should be made from thick fur.

Barkavtova,
Nadezhda Grigor'evna

Uksichan river, 30.08.2000
Kabana river, 22.03.2000

**Баркавтова,
Надежда Григорьевна**

«Меховой мешок для вещей»
Н.Г. Баркавтова, р. Уксичан, 30.08.2000

ELC3-01_5.1 ‖ 1 › 0:09 ‖ 5 › 0:27 ‖ 10 › 0:46 ‖ 15 › 1:02

1 Эрэк «этук» гэрбэн. Этук.
   Бадуми, элэ чэлэвэн оюр, гякивур нэкчивэттэ,
   дёдану, деплэнур-дэ – нэрэ алладин долан.
   Эрэк тыр алладин тэмбэкэн бишин, тык эр улаптин, нянда,
5 итли, китэргэнни!
   Эрэк алладин удамам уданул, илэ-ши,
   нянда қотынни тык, высох сильно; мокрый стал, щас всё высох.
    Тытэльшукэн ананчаву.
   Эрэккэль мят.
10 Десять мят. С головы оленя.
   Вот сюда вот камуса весенние.
   Хое, хое, наверно, туннан-ту. Туннан оран бидин?
   Наверно, туннан. Пять оленей будет, двадцать камусов. Тык.
   Эв, нонним-да-ққа бурмилақ бишин.
15 Амана-да, эррочинни бурмилақ.
   Тар хинкукэчиддэкэт тоже бурмилақ? Бурмилақ.
   Э, яду-ши би төрэрэм, тык она-ши нэкчим?

"A leather bag"
N.G. Barkavtova, Uksichan river, 30.08.2000

1 This is called *etuk*. A leather bag for things.
   When they are traveling with the herds, they store all their clothes in it,
     and various (other) things.
   The equipment and food is carefully stored in there.
   Not long ago this fur was soft, (then it) got soaked, and again,
5 you see, has dried out.
   It got thoroughly soaked in the rain,
   but now it's stiff again, it's totally dried out.
   It became wet, and then dried out. I sewed it not long ago.
   This fur is from the head of a reindeer.
10 Ten pieces of fur from reindeer heads.
   Here we attached spring fur from reinder legs.
   Many, many, perhaps five. Five reindeer?
   Probably five. Five reindeer, that means 20 pieces of fur from the legs.
   They have a grayish color.
15 Like my grandfather, he had grayish hair.
   The ashes left from the fire also have a similar color? Grayish color.
   Why am I talking, what should I do (now)?

---

1 Это «этук» называется. Меховой мешок для вещей.
   Когда кочуют, в нём всю одежду, разное хранят,
   снаряжение и продукты кладут аккуратно внутрь.
   Эта шкурка недавно такой мягкой была, промокла, опять,
5 видишь, пересохла!
   Она основательно от дождя промокла, а теперь,
   снова жёсткая стала, высох сильно;
   мокрой была, теперь вся пересохшая. Недавно шила.
   А это шкурка с головы оленя.
10 Десять шкурок с головы оленя.
   Вот сюда вставила камуса весенние.
   Много, много, наверное, пять. Пять оленей будет?
   Наверное, пять. Пять оленей, значит двадцать камусов
     (шкуры с ног). Всё.
   Надо же, цвет у них седоватый.
15 Как у дедушки моего, седоватый цвет волос.
   Пепел после костра тоже похож на этот цвет? Седоватый цвет.
   Ой, зачем я говорю, теперь что буду делать?

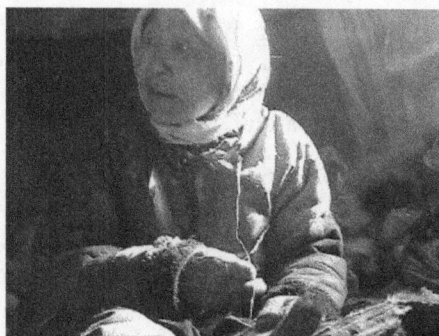

«Шапку себе шью»
Н.Г. Баркавтова, р. Кабана, 22.03.2000

ELC3-01_5.2 ‖ 1 › 1:41 ‖ 5 › 2:44 ‖ 10 › 03:57 ‖ 15 › 4:34

1 Айдит-та, будэлди-дэ энэвэденнэм.
Октябрь, ноебрь, декэбрь дэсчиденнёттэм будэлу-дэ.
Бэгу-дэ гэлнэшшив.
Гунэм, бу-дэ тымина Эссоты хөрэсчиддиру.
5 Авӈай аӈанаддам,
экичэ иӈэнь очав, этот насквозь,
холодно без шапки ехать, иӈэнь
Нан хупкутчэтэн тытэль хагдыл,
экынтыл, он аӈандишь, гирдишь, чэлэвэн.
10 Эр бэйдэттиттил очидиллы туркив гекив, тоже
хупкучиддэ ораттыв ӈинду, оранти-тта,
чэлэвэнну нян амтылты хупкутчэтэн.
Гирдатти эчин эр гаддон, нан тали көетникэн гирра,
яӈ эрэгэр гираддётта, эштэн.
15 Өмнэкэнти хупкур, ичукэн-дэ.
Нэимэгэр бишитэн экич тытэль.
эшэкэтэн көеттэ.
Тыккэль-дэ минӈи яшалу-да яӈ аич ичувэттэн, хаӈанасчираӄу.
Оран хумэн, яла-да тык хумэӈгэвэр баӄчип?

50

"I sew a fur cap"
N.G. Barkavtova, Kabana river, 22.03.2000

1 Really, my legs hurt.
October, November and December I had to rest because of my legs.
I went for medicine.
I said that we will go to Esso too.
5 I sew a fur cap for myself.
It is very cold, the wind will blow right through.
It is cold to travel without a fur cap, freezing cold.
The elder people once taught us,
our parents, how to sew, to cut, absolutely everything.
10 The hunters make also various kinds of sleds,
they teach how to make sleds for dogs, for reindeer,
all that their parents taught them.
They cut the one side, then, looking at it, they cut the other side,
Many times they don't make a cut.
15 From the first time they taught (us), they showed (us) how.
Back then they scolded the children terribly,
if they did not pay attention to how it had to be done.
Now my eyes are not good for sewing.
Reindeer sinew, now where do you find now reindeer sinew for thread?

---

1 Правда и ногами мучаюсь.
Октябрь, ноябрь, декабрь пролежала из-за ног.
За лекарством ходила.
Говорю, что мы тоже поедем в Эссо.
5 Шапку себе шью
очень холодная получается, насквозь будет продувать,
холодно без шапки ехать, мороз.
Обучали когда-то старики,
наши родители, как шить, кроить, абсолютно всему.
10 Охотники начинают делать нарты различные, тоже
обучают, как делать нарты для собак, для оленей,
этому всему их родители обучили.
Выкроят одну сторону, затем, глядя на неё, кроят другую сторону,
много раз не кроили, нет.
15 С первого раза обучали, показывали, как надо.
Раньше страшно ругали,
если дети не смотрели, что и как надо делать.
Теперь мои глаза хорошо не видят, когда шью.
Оленьи сухожилия, где теперь найдешь оленьи сухожилия для ниток?

«Шапку себе шью»
(продолжение)

20 Экичэ, ҡорова. хумэӈден – ҡотыӈи бишэн,
   Ӈалындяй би тыр минэрив, эрэв хирҡань,
   минэсчиддыди уллэв.
   Людая гургэвчиденнэ ат-та зарплата, буччөттэ-дэ деньгаггатан?
   Тык эливунтэн докторатан ӈи?
25 Бигэл яҡ унтэв аӈаныддёттам,
   эчин-тэ Манняҡагчин унтэльду аӈаныддёттам, мэнды-дэ.
   Туркувэттэм тык аӈандай,
   некэсчидиллив Витяду унтаган,
   нан уррэн-кэ, тар бэгэӈгэй гэлнэдэй некрэн.
30 эрэкбэди ями бан оняӈа.
   Бумагала аич онян.
   Кэнелич гирашнам, тэми эчингэл иӈэньдэмэдэ,
   нонангал ай бивэттэн, когда молодой, тык атыҡан,
   холодно иӈэньшэн.
35 Муннуҡашач уӈдим, ай бидин.
   Баран-то тоже запрещён,
   лахтачий толстый илҡан ай, дырамтаҡан,
   ҡобаланӈи лучше подошва.
   Таравгал, улрамитҡан,

20 Sinew from cows is bad, it's stiff.
   Once I cut my hand with this knife,
   when I was cutting meat.
   Liuda's family works without salary, they give them money?
   Who is now the principal doctor?
25 I sew now for others,
   the same as Mania, I sew for others and for myself.
   I am working hard now sewing,
   I was making boots for Vitia,
   but he went off somewhere, he wanted to buy medicine for himself.
30 for some reason this thing does not draw.
   On paper it writes well.
   I cut the fur cap poorly, so it will be cold,
   at first it's fine, when you are young, but now as an old woman now,
   it will be cold in it (the hat).
35 I'll sew around it with hare fur; it will be good.
   It's forbidden to hunt snow sheep,
   bearded seal skin is thick, excellent, just thick,
   soles are better made from bear hide.
   But this skin, only prepared

---

20 Плохо, коровьи сухожилия – жёсткие.
   Руку свою я когда-то порезала, вот этим ножом,
   когда разделывала мясо.
   Семья Люды работает без зарплаты, дают хоть им деньги?
   А кто сейчас у них главный врач?
25 Я вот чужое шью,
   так же как и Маня, для других шью, и себе.
   Затрудняюсь я теперь шить,
   начала делать Вите торбаза,
   но он куда-то уехал, лекарства себе хочет купить.
30 Почему-то эта штука не чертит.
   На бумаге хорошо рисует.
   Плохо выкроила шапку, поэтому будет холодно,
   это сначала хорошо бывает, когда молодая, а теперь старуха
   холодно в ней будет.
35 Заячьей шкуркой обошью, хорошо будет.
   Баран-то запрещён для охоты,
   лахтачья шкура толстая замечательная, только толстая,
   из медвежьей шкуры подошва лучше,
   А эта шкурка, только отбитая,

«Шапку себе шью»
(продолжение)

ELC3-01_5.2 ‖ 40 › 7:36 ‖ 45 › 8:08 ‖ 50 › 08:29 ‖ 55 › 8:51

40 «атқа» гэрбэн, «атықан» гөвэттэ, «атықан»,
   таррочин улрамич тэтуччөттэ.
   Қорбақав тоже никто не шьёт,
   материал-то где найдёшь.
   Эр-кэ нян аӈанысчиддам, мэмэ учила.
45 Чимуваттан-қа, анашақҡоттан хиқутыч.
   хаӈанавми, нан эдиррэн, унни-ккэ, унни.
   Тык хумэч хаӈанча,
   кθетли, ирбэтыт, не видно,
   Видите, қапронач ещё хаӈанча,
50 эр оран хумэн экичэ,
   ай бивэттэн
   Эрэв минӈи кэнелич қою, кэнелич ирив, қотыӈич
   Тык мылиӈа бидыт-тэ, эр қотыӈив хаӈандим эрчэндули.
   Рядышком же летом, когда олени раньше были,
55 кочевали рядом, конечно у него силы были,
   а у меня нету, давно кончились,
   семьдесят тунӈитки уррэн
   семьдесят пятый идёт год, двадцать шестого.
   Өгэрдэй, илбэдэй туркучидиш.

54

40 is called *atq*, one says "old woman", "grandmother",
they wear only such cut off (piece).
Fur caps (*malakhai*) nobody sews (any more),
where do you find the material [for them]?
So, I try to sew, as my mother taught me.
45 When the fur begins to rot, it just breaks.
Before sewing, it is steamed, when the snow smelts.
Now it is sewn with reindeer sinew,
look, with old (fibre), it's not visible,
You see, even when sewn with nylon thread,
50 somehow the threads from reindeer sinew
are considerably better, they are more durable.
I have a bad scraper, I made it poorly, the pelt is stiff.
Now I treat it with soap, the crimped edges I sew along the edge.
Nearby during summer, when there were reindeer,
55 they were herded nearby, of course, he had strength
but I don't have it, it ran out a long time ago
I'm in my 75th year,
my 75th year, I (was born in) 1926.
You don't know how to mobilize and drive the reindeer.

---

40 «атҡ» называется, «старуха» говорят, «бабушка»,
такую только отбитой носят.
Малахай тоже никто не шьёт,
материал-то где найдёшь
Вот пытаюсь шить, как мама учила.
45 Когда шкура подгнивает, сразу рвётся.
При шитье, распарывается, когда снег тает.
Сейчас сухожилием зашито,
Смотри, старым, не видно,
Видите, капроновой ниткой ещё зашито,
50 всё-таки нитки из оленьих сухожилий намного
лучше бывают, прочнее бывают.
У меня плохой скребок, плохо выделала, шкура жёсткая.
Сейчас мылом начерчу, сморщенные края зашью по краю.
Рядышком летом, когда олени раньше были,
55 кочевали рядом, конечно, у него силы были,
а у меня их нет, давно кончились,
семьдесят пятый идёт,
семьдесят пятый год идёт, я с двадцать шестого.
Поднять, перегонять оленей не умеете.

«Шапку себе шью»
(продолжение)

60 Итли, тык эрэк яӈ?
Тыр ӈинач ӈиндарин,
будэлэрэптук моладаӈаривун ӈиналбу.
Нан эрэк кирэлэн хэекты, уӈнин чижилав чашки ушэшнэн
растянуттын вот это, конечно растянула, растянула
65 Эрэк хумэ, оран хумэн.
Эрэк-тэ анӈив қотываттан
яӈ томқакикич, энни получайётта,
чуптэррөттэн нян хумэн, агдылми тачин оваттан, агдыл од.
Эшни экич томқакир одни хуму.
70 Тык пастухал хумэӈгэвур олгиччотта?
Тарақам эмувми-дэ
бөгрэмчи ӈэнувми.
хитки-дэ олгиччоттам аич бидэн хуму,
эрэгэр чэлэвэн аич.
75 Эчин томқаддёттап эчин. Эрэв кэнелич, инмэв-кэ чуптэррөтэн.
Тык би эшэм эрэгэр аич томқаватта, кэнелич,
потому что эшни аич получайра. Энни, тык кэнели нитка.
Чайчибалгал анӈиду томқаватта чэлэдюр.
Плохой нитка кэнели, кэнели. Нирықыддёттэ эчин.

56

60 Look, what is that?
Earlier they went by dog-sled,
they went on foot with the dogs to get firewood.
This is a bad inner boot liner, I pulled it forward
and stretched it out. Of course I stretched it and stretched.
65 This is reindeer sinew.
In one year they dried such
that it is not possible to make them, it doesn't work,
this sinew breaks immediately, when they have become old.
It's not possible to make threads.
70 Do reindeer herders dry reindeer sinew for themselves?
They should bring it,
and give some to us, if they have any.
I dry them on the wall so that the threads will be good.
I always sew well, I think.
75 This is how to spin. I made a bad thread, see, the needle is breaking.
Now I cannot always spin well, it's bad,
because it does not come out precise. No, it is totally bad thread.
But the Koryaks every year spin threads all together.
A bad thread, very bad. So they spin it together.

---

60 Смотри, это что такое?
Раньше на собаках ездили,
пешком с собаками ходили за дровами.
Вот это плохой чиж, вперёд дернула
растянула вот это, конечно растянула, растянула.
65 Это сухожилия, оленьи сухожилия,
Они за год так пересохли,
что невозможно прясть, не получается,
сразу рвутся эти сухожилия.
Стареют когда, так бывает, старые стали. Невозможно прясть нитки.
70 Сейчас пастухи сухожилия для себя хоть сушат?
Привозили бы,
да отдавали бы нам, если есть.
я на стенке сушу, чтобы нитки были хорошие.
Всегда хорошо развешиваю.
75 Вот так надо прясть. Плохую нитку сделала, иголка вон ломается.
Теперь я не могу всегда хорошо прясть, плохо,
потому что аккуратно не получается. Нет, совсем плохая нитка.
А вот коряки каждый год прядут нитки все вместе.
Плохая нитка, очень плохая. Так все вместе и прядут,

«Шапку себе шью»
(продолжение)

ELC3-01_5.2 ‖ 80 › 11:52 ‖ 85 › 12:29

80 Сумка олений, эрэк оран мятан, оран мятан.
Когда-то я хорошо шила, мелко,
видишь, мелко шила шов,
а сейчас так не шьют, сейчас, көенни?
Унипарбу куда-то потеряйли гякиву.
85 Эрбэчэл биш эчин эр: всё иголки, хирӄачаму, напёрсток.
Эр Германияла унипар бинни аи?
Эв явдывӈай тала бидин.
Не готовить там у вас в Германии такие?

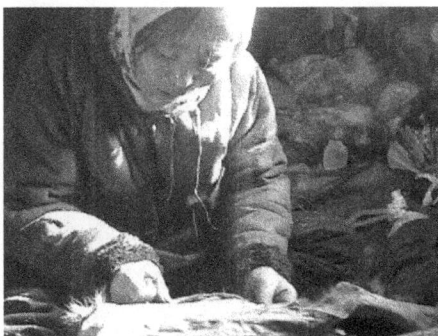

80 A reindeer (saddle) bag. This fur is from a reindeer head.
At one time I sewed well, with tiny seams,
you see, I sewed with a tiny seam.
But now they do not sew that way you see?
I've put my various thimbles somewhere.
85 The bag contains: all (my) needles, my small knife, (my) thimbles.
Are there good thimbles in Germany?
Although, why would they need them there.
They don't make those there where you live in Germany?

---

80 Сумка оленья, это шкура с головы оленя, шкура с головы оленя.
Когда-то я хорошо шила, мелким швом,
видишь, мелким шила швом,
а сейчас так не шьют, сейчас, видишь?
Напёрстки мои куда-то подевали разные.
85 В сумке находятся: все иголки, мой ножик, напёрсток.
В Германии напёрстки есть хорошие?
Хотя зачем они там нужны.
Не готовить там у вас в Германии такие?

Обработка шкур
Preparing furs

Adukanova,
Evgeniia Ivanovna

Anavgai, 05.10.2003
Anavgai, 07.10.2003

**Адуканова,
Евгеия Ивановна**

«Чтобы шкура была хорошей»
Е.И. Адуканова, с. Анавгай, 05.10.2003

ELC3-02_1.1   ‖ 1 › 00:04 ‖ 5 › 0:26 ‖ 10 › 1:02 ‖ 15 › 1:34

1   Он-ḳана гөвэттэ, ай бидэн,
    эдэн кэнели биш эррочин.
    Эрэв этэм некрэ, нан улаḳча бидин.
    Эрэк нан минэдим, ӈиллы бидин.
5   Нан тар өтэ-э-эл иӈимли вон видишь кирдыл бишитэн,
    нашаӈат эйду, болар ишэ.
    Прямо так в душе у меня хорошо, не ожидала тебя увидеть.
    Инӈат, инӈат, эрэк алта, алта, ḳочайли,
    нан адатыӈ. Тачин нан.
10 Охо-хо-о-о, тогда гөндиддётту, тардаштыди,
    эмми уӈминюн, баддыӈанюн, ногдаḳ,
    о-о-х, всё минав ḳоладда.
    Тык эчинтэ-ттэ аӈаныддётта,
    ишу ḳочаиддётта ḳоблич ḳочай.
15 Мартала-да тачинта-тта одно и то же годами проходят,
    где унтагал, где олачиḳḳавур,
    и для юрты ильбык, вот такой ильбык,
    ой как тепло!

"That the skin will be good"

E. I. Adukanova, Anavgai, 05.10.2003

1 How shall I say that the skin will be good,
that it will not be so bad, like this.
I will not make this, otherwise it will get wet.
This here I cut so that it will be even.
5 These are old ones, you see, they were bad,
all with holes, autumn furs.
It really feels so good for my spirit, I didn't expect to see you.
(Here are) hairs, this is the flesh layer, the skin, the scraper,
and the mixture, which I smear on the leather. This way.
10 Oh, once we said, go away from here,
if you do not want to do anything, if you laze around, that's enough,
Oh, but they drink wine all the time.
Now they sew as we did earlier,
they scrape the skin with a scraper with an iron blade.
15 And they do so in March also, the same, from year to year,
they sew (fur) boots, summer boots from suede (leather),
for the inner section in the yurt (tent), for that inner section,
oh, how warm it is inside there!

---

1 Как же сказать, чтобы шкура была хорошей,
не была такой плохой, как эта.
Это делать не буду, а то мокрая станет.
Вот это срежу, ровнее будет.
5 Эти давнишние, видишь, плохонькие были,
дырявые все, осенние шкурки.
Прямо так хорошо у меня на душе, не ожидала тебя увидеть.
Шерсть, шерсть, это мездра, плёнка, скребок,
и смесь, которым смазывают шкуру. Вот так.
10 Охо-хо-о-о, тогда мы говорили, уходите отсюда,
если ничего не хотите делать, если ленитесь, хватит,
о-о-х, а они всё время вино пьют.
Сейчас так же, как и раньше, шьют,
шкуру скоблят железным скребком.
15 И в марте точно так же, одно и то же из года в год,
шьют торбаса, летнюю обувь из ровдуги,
для юрты полог, вот такой полог,
ой как в нем тепло!

«Чтобы шкура была хорошей»
(*продолжение*)

ELC3-02_1.1 ‖ 20 › 2:03 ‖ 25 › 3:12

Я же выросла эррочинду, в домике эчиву биш.
20 Эрэк тоже вышиваётта таварнёгэн, вышивают там эти раньше,
я тоже эвенский вышивала эти, эррочинни тэк.
Ольхой краскаватта эрэв нан эчин-кэ эр.
Эшни, он-ӄа гөвэттэ «дуктэ»,
ӈи-ккэнэ-э дуктэ, дуктэ – ольхач.
25 Ну говорю, ай пастух бидэн,
и пастухи, сам бригадир бидэн ае,
ай-да орал бидир, айдит?

Namely, I grew up in such an inner section, I did not live in a house.
20 These we have also embroidered, the bands, we have embroidered them
   earlier,
   I also embroidered them in the Even way.
   They dye these skins with alder, as I showed.
   No, how to translate *dukte*,
   what is this *dukte* – it is alder.
25 I say, one must be a good herder,
   and herders and the leader must be experienced,
   and then there will be well-nourished reindeer, right?

Я же выросла в таком пологе, в доме не жила.
20 Эти тоже вышивали, ремни, вышивали раньше,
   я тоже по-эвенски вышивала их.
   Ольхой красят такие шкурки, я показывала.
   Нет, как же переводится «дуктэ»,
   что такое дуктэ, дуктэ – это ольха.
25 Я говорю, хороший пастух должен быть,
   и пастухи,и сам бригадир должен быть опытным,
   и тогда упитанные олени будут, правда?

«Скоблю шкурку для рукавиц»
Е.И. Адуканова, с. Анавгай, 07.10.2003

ELC3-02_1.2 ‖ 1 › 3:26 ‖ 5 › 3:54 ‖ 10 › 04:19 ‖ 15 › 4:36

1 Ӄочайдай ӄуӄатанду, ӄуӄатанду, ӄуӄатан
и нан ададим, как ты говоришь, ольхой.
А потом, если смогу, получайдин уӈэ краска, нан гявдим тарав.
Да и ноӈардатунгал бризентач хиӄутыч сюда,
мокрый бидин.
5 Вот я же тэми гөнэм, зачем я нарожала,
теперь сиди, я бы спала сейчас на кровати, эчин-да,
легдимэ, хуклэшнэм, нанда иллам, а тэк день и ночь думай.
Эвтывэн ӄочаилдывун, эвтывэн, ӄочаилдывун эвтывэн,
10 эктывму ӄочаил,
Эрэк ӄочай, эрэк дёл, эрэк хэль железный.
Это когда уже адачинни,
нан эчин, тык көенни?
Эрэк это Эликкэ мне делал, в табуне,
15 унэт-кэ кочевал сколько,
тэми-дэ мой грязь ӄоӄтараву.

66

"I scrape the skin for making gloves"
E. I. Adukanova, Anavgai, 07.10.2003

1 I scrape the skin for (making) gloves, for gloves, gloves
that I will dye later, as you say, with alder.
And then, when I can, if this color doesn't work out, I will do it again.
Yes, for our tarp I sew it directly,
5 otherwise the gloves will get wet.
As I already said, why did I give birth to so many children,
now I sit at work, otherwise I would sleep in my bed now,
would have lay myself down, then I would get up, but now I think day
   and night.
Evtenski scraper for scraping the flesh side, the scraper (is called) *evtenski*,
10 the stone for the scraper is from the special place *evte*.
This scraper, this stone (blade), but this is a scraper with an iron blade.
This is when they have already smeared the flesh side with reindeer dung,
within a certain period of time they scrape it like this, you have seen it
   now?
This scraper *elikke* was made for me, in the reindeer camp,
15 when we migrated for a long time,
therefore there is this dirt from scraping.

---

1 Скоблю шкурку для рукавиц, для рукавиц, рукавица,
которую потом окрашу, как ты говоришь, ольхой.
А потом, если смогу, если не получится эта краска, сделаю повторно.
Да, для своих брезентом прямо обошью,
5 а то рукавицы будут промокать.
Вот я же поэтому и говорю, зачем я нарожала столько детей,
теперь сиди за работой, а то бы спала сейчас на кровати,
легла бы спать, потом бы встала, а теперь день и ночь думай.
Эвтэнкий скребок для скобления мездры, скребок эвтэнский,
10 камень для скребка из особого места Эвтэ.
Это скребок, это камень, а это скребок железный.
Это уже когда намазали мездру пометом оленьим,
через некоторое время вот так соскабливают, теперь увидела?
Этот скребок Эликкэ мне сделал, в табуне,
15 когда кочевал долго,
поэтому это грязь после соскабливания.

Chikineva,
Valentina Innoken'tevna

Anavgai, 21.10.2000

Чикинёва,
Валентина Иннокеньтевна

«Вся мездра должна сняться»
В.И. Чикинёва, с. Анавгай, 21.10.2000

ELC3-02_1.3 ‖ 1 › 04:50 ‖ 5 › 5:14 ‖ 10 › 5:46 ‖ 15 › 6:17

1 Тык би тэлэӈдэку.
  Эрэкэ-ши «эктывын» гэрбэн,
  эрэкэ-ши ишэ, дюгарап ничэлле.
  Эрэкэ-ши ирбэт, эръерэр ирбэт, эрэкэ-ши ничэлле бичэ ирбэтэн,
5 эрэкэ-ши аталабдин эйду дюгыниду.
  Эрэкэ-ши би тык қочаиддам, алтыван аталаддам.
  Табачи-ши эр қочаидиллам.
  Эр мин илан нөгэлбу.
  Эрэк қочай,
10 эрэк дёл, эр эвтэ эр туллэм.
  Нан тар қочаидиллам.
  Эръелэ алта аталаптана.
  Қочайдим тар нан унтэ-дэ дёла.
  Эрэк уӈдин, он-қа гөвэттэ, муткия один, нян эр яв гадим.
15 Нан эрэв гадим.
  Табачи-ши эрэв оддим, ададим,
  улабақан эйду.
  Нанда қочайдим, нан дуктурудилдим.

68

"All the flesh side must be taken off"

V.I. Chikineva, Anavgai, 21.10.2000

1 Now I will tell you.
This board is called *ektyvyn*,
and this fur that was removed in summer,
it is old, also these furs are old, and this skinned fur is old,
5 but as this fur all was removed in summer.
This skin I will scrape now, I will take off the flesh side.
Look, I'm beginning to scrape.
I have three younger brothers.
This here is the scraper, and this the stone (blade),
10 and this is the stick into which I insert the scraper (blade).
I'm beginning to scrape.
Here the flesh side is already removed.
I scrape and insert the stone scraper.
(When) it becomes blunt, I will change it.
15 I take this scraper here.
I finish scraping, I smear the skin with reindeer guts,
the leather should be entirely soaked.
Again I will scrape,

---

1 Сейчас я расскажу.
Вот это называется доска,
а это шкура, летняя выпоротка.
Она старая, вот эти шкурки тоже старые, и эта выпоротка старая,
5 а у этой шкурки всё слезет летом.
Эту вот шкуру я сейчас скоблю, мездру с неё снимаю.
Смотрите, начинаю скоблить.
У меня три младших брата.
Вот это – скребок,
10 это – камень, вот палка, куда вставлю скребок.
Начинаю скоблить.
Здесь мездра уже снята.
Поскоблю и поставлю каменный скребок.
Он станет, как же сказать, тупой, тогда поменяю.
15 Вот этот скребок возьму.
Закончу скоблить, намажу оленьей требухой,
шкура должна промокнуть насквозь.
Опять буду скоблить, потом начну окрашивать.

«Вся мездра должна сняться»
(продолжение)

ELC3-02_1.3 ‖ 20 › 6:42 ‖ 25 › 7:13 ‖ 30 › 07:41 ‖ 35 › 8:11

Нод один, мулэне один.
20 Нан эйду олгадин, эйду тэмбэкэн-дэ один,
нан би аӈандим нэндэкэв.
Нан тараттам, тараттам и чэлэди гургэ тар оддин.
Эчин эр аталадиллам, чэлэди алтын аталабдан,
и так мудақақан, чэлэндеди эчин один,
25 эрэк эр эрэк чэлэди аталабдин.
Нян хи, Оля, төрэли!
Эчин эр гургэвчиддёттэ орочил,
тытэль-дэ мун энтылбун эрэгэр-эрэгэр чашки
ойгавур мэрду аӈандавар.
30 Тарақама-ши ачча пальто-да бишин.
Ой ачча нючиды бишин.
Тэтуччөттэ тарақам тытэль, илқан тытэль, ишэттэкэн.
Ишу эчин қочайридюр, ойлаччотта эрич.
Урбақ-та ачча бишин. Ой нючиды яқ-та ачча бишин.
35 Уӈэттэкэн оран ишчин, оран ишшөн аӈанра,
тарқаду тэргэшу некэддэ,
нэндэкэвэр-дэ аӈандир, дюганымдагавур.
Вот инӈаттон аталадда нөсэгчэр ашал.

70

The leather becomes beautiful, of beautiful color.
20 When everything has dried, it becomes soft,
    then I sew a fur coat (*kukhlianka*) from it.
    I stretch, I stretch the skin, and the work on it comes to an end.
    So here I begin to remove, all the flesh side must be taken off,
    it is not yet finished, all the skin becomes like this,
25 you see, all the remaining flesh is taken away.
    Now you, Olia, speak!
    So the Evens worked,
    once also our parents always worked hard
    to sew their clothes for themselves.
30 At that time they had no other coats.
    There was no Russian clothing.
    Earlier they wore, from ancient times, only fur clothes.
    They prepared the fur and used it for clothes.
    There were also no shirts. There weren't Russian clothes at all.
35 They sewed only from reindeer fur, from reindeer fur,
    from that they made suede,
    they sewed *kukhlianki* (fur coats) to wear in summer.
    Young women took off the hair from the fur.

Красивой шкура станет, красного цвета.
20 Когда всё высохнет, вся мягкой станет,
    тогда из неё я сошью кухлянку.
    Растяну, растяну шкуру, и работа на этом закончится.
    Вот так начинаю снимать, вся мездра должна сняться,
    и так пока не закончится, вся шкура вот такой станет,
25 видите, вся эта плёнка снимется.
    Теперь ты, Оля, говори!
    Так работали эвены,
    когда-то и наши родители всегда-всегда старались наперёд
    сшить себе одежду.
30 В те времена не было никакого пальто.
    Одежды русской не было.
    Носили раньше, с давних времён, только меховую одежду.
    Шкуру выделывали и использовали для одежды.
    Рубашек тоже не было. Русской одежды никакой не было.
35 Только из оленьей шкуры, из шкуры оленя шили,
    из неё замшу делали,
    кухлянки шили, чтобы носить летом.
    Шерсть со шкуры снимали молодые женщины.

«Вся мездра должна сняться»

(продолжение)

Нан тараттама-ши, нюлэддэм. Төрэн.
40 Оля-ши нюлэддэн тарақ инӈаттон аталаддан.
Нян гякив аиру-да аӈандин.
Камлейкав-да аӈандин.
Тык ноӈан ӈалдин экэддэм,
нан ноӈан Жанна тачинта-тта қочайдилдин,
45 нан тадуқ Жанна мудақадиллана-ши. Нан тара.

So here I stretch it, take off the hair.
40 And Olia takes off the hair from another fur.
Then we will sew various gloves.
And someone will sew a cape.
Now I use her hands,
then Zhanna will work on the fur the same way,
45 and eventually Zhanna will finish it all. That's all.

Вот так растягиваю, снимаю шерсть. Разговариваю.
40 А Оля снимает шерсть с другой шкуры.
Потом разные перчатки будет шить.
И камлейку сошьёт.
Сейчас я её руки использую,
потом её Жанна точно так же будет обрабатывать шкуру,
45 затем Жанна всё это закончит. Вот и всё.

Lomovtseva,
Maia Petrovna

Esso, 12.03.2000

**Ломовцева,
Майа Петровна**

«Скребок этот мне бабушка отдала»
М. П. Ломовцева, с. Эссо, 12.03.2000

ELC3-02_1.4   ‖ 1 › 9:44 ‖ 5 › 10:03 ‖ 10 › 11:33 ‖ 15 › 11:59

1   Есть каменная, есть такая...
Первичная обработка обычно делается
только унэч каменеч – дёлач.
Сейчас я просто хочу показать.
5   Нашалдиқариву няна.
Железный уҥ бивэттэн, он-қана,
уҥэлдывун лучше, когда его растягиваешь уже хорошо,
қочай железный уҥэври.
Засохли эти.
10 Это мне бабушка бөчэн.
Эшэмчу-дэ-тыт-тэ уҥэддэ унэт эрэв яв-да
қочайқачидда, бидимчу,
хэльдур-дэ уҥришэн аҥанашчиддақу,
чаш аҥанашчиддақу.
15 Мукэву, тыкрэн! Чаш аҥандимбыч.
Кучукэн уҥу, көенни, эшни эгден биш онҥачан,
он ещё маленький.
Эрэв уҥдим эчинтэкэн, уҥҥон уҥэшиндим.

74

"This scraper my grandmother gave to me"

M. P. Lomovtseva, Esso, 12.03.2000

1 There are scrapers with a stone blade, and others with an iron blade.
The first processing of the fur is usually done
only with the stone (blade) scraper.
Now I just want to show this.
5 That one does not tear the skin.
The iron (blade) scraper is, how shall I say,
the best of all to use, when the fur has to be spread out well,
the iron (blade) scraper is suitable for that.
These are thoroughly dried.
10 This scraper my grandmother gave to me.
I would have nothing done now,
would not have scraped, would have only sat around,
good, that you prompted me to sew,
I will sew little by little.
15 Oh, it fell down. I will sew some more.
It is small, you see, (from) a smaller reindeer fawn,
the reindeer fawn was still small.
I only treat the fur like this, here I do it like this.

---

1 Есть каменный скребок, есть (железный).
Первичная обработка шкуры обычно делается
только каменным скребком.
Сейчас просто хочу показать.
5 Как бы не порвать шкуру.
Железный скребок бывает, как же сказать,
его лучше всего использовать, когда шкуру надо растягивать хорошо,
скребок железный подходит для этого.
Засохли эти.
10 Скребок этот мне бабушка отдала.
Я ничего бы этого сейчас не делала,
не соскабливала, просто сидела,
хорошо, что вы заставили меня шить,
буду шить потихоньку.
15 Ой, упало! Дальше буду шить.
Маленький он, видишь, небольшой пыжик,
оленёнок был ещё маленький.
Шкурку сделаю только вот так, здесь так сделаю.

«Скребок этот мне бабушка отдала»
(продолжение)

Эррон аталдим,
20 нян дуктурудим.
Потому что кучукэнэ-ши уӈэн көенни?
Нашамаққан, нашарақан ишэ,
нокучиддин.
Эррөчингэл эчин қочайми,
25 амрақ уӈӈөттэн. А потом эчин монӈадиллотта
онӈашу монӈаватта, штрилтэкэн қочайетта,
илюмкун – илюмкун уӈэ.
Тытэль, уӈэдми, онқана гөвэттэ,
экму тэлэӈэддёттэн,
30 эчин инэӈ нылкэ одиллақан, уӈэдиллөттэ,
эгден инэӈ одақан,
нодықав аӈанадиллотта.
Тык-кэ нылкэ, да?
Мартадуқ, ое свет-кэ бывэттэн весной,
35 хаӈанадипқан бивэттэн, эшни-дэ энтэкэе хукшэ.
Дюниду экич, гору аӈанна бивэттэн.
Передевкуткэн ай бивэттэн.

I take this (away)
20 and then I dye.
As it is quite small, you see?
Everything tears, a skin full of holes,
it will hang.
If you scrape such a skin, it quickly tears.
25 And then they begin to scrunch
they scrunch the reindeer fawn skin, they scrape it only a little bit,
it is light, light.
Once I started to work, how shall I say,
mama always said,
30 when the days in spring start to get longer, they began,
when longer days dawned,
they began to sew the ornaments.
Now it's spring, well?
From March, there is much light in spring,
35 the time for sewing dawns, and it's not so hot.
In the summer it is arduous, if one has to sew for a long time.
Only if one takes rests does it go well.

Вот это сниму,
20 потом покрашу.
Потому что совсем маленькая она, видишь?
Рвётся вся, дырявая шкурка,
будет висеть.
Если такую шкурку вот так скоблить, быстро порвётся.
25 А потом вот так начинают мять,
пыжик мнут, только чуть-чуть соскабливают,
лёгкий – лёгкий он.
Когда-то, начиная работу, как же сказать,
мама всегда рассказывала,
30 когда день весной становился длиннее, начинали,
длинный день наступал,
украшения начинали шить.
Сейчас ведь весна, да?
С марта, много света бывает весной,
35 время для шитья наступает, и не так жарко.
Летом тяжело, долго шить приходится.
Только, когда надо передохнуть, хорошо бывает.

Indanova,
Oktriabrina Nikolaevna

Anavgai, 02.09.2000

**Инданова,
Октябрина Николаевна**

«Чтобы из шкуры сделать замшу»
О. Н. Инданова, с. Анавгай, 02.09.2000

ELC3-02_1.5 ‖ 1 › 14:05 ‖ 5 › 14:25 ‖ 10 › 14:58 ‖ 15 › 15:30

1 Тык би тэлэӈдим, он ишу ӄочаиддётта.
Эррочим ишу, эррочим ишу ӄочайётта уӈӈон алтываи,
уртаван ӄочайра, нан нубкиттэ,
ханинду нуубтэн.
5 Потом нан нуубтэкэн, оран трибухалдин нёнядин хэшивэттэ.
Нан хэшир тарав, нан умэн инэӈу биддэн, потом нанда нан
ӄочаидилла.
Нан ӄочайриткан, тэмбэкэн оӄан.
Нанда нокра, олгашиндин.
Нан тыргыш одан эрэк, нан эрэв ӄочаидилла эчин инӈат аталдавур
чэлэвэн.
10 Когда аталла, нан уӈэдиллэ дуктурудиллэ.
Уӈ дуктэв уӈ уӈэч гадиш, дуктэв атыллы.
Нан тарав дуктэв хамна ультэнэч уӈэч чалбан ультэндин.
Хамныди, нан тарич эчин хэширэ, мулэне одан.
Нан мулэне одаӄан, эрэк мулэне одни,
15 нан эр унтав хаӈаныдилла,
вот или аиру хаӈанны, гякив или олачиӄу, или кирумчэв.

"To make suede from the fur"

O. N. Indanova, Anavgai, 02.09.2000

1   Now I'll tell you, how they scrape the skin.
    This skin, from this skin they scrape the flesh side,
    They scrape the skin, then they smoke it,
    the leather should be cured by smoke.
5   Then, when it is smoked, they smear it with reindeer guts, with dung.
    They smear the skin, let it sit one day, then they scrape it again.
    Again and again they scrape it, until the skin becomes soft.
    Again they hang it so that it dries.
    To make suede from the fur, they take off all the hair.
10 When they have taken off the hair, they begin to tan (the skin) with alder.
    You choose an alder tree, they take the bark from it.
    The color that they obtained from the alder they mixed with ashes,
       with ashes from birch bark.
    When it was mixed, they smear the mixture on the skin so that a red color
       comes out.
    When the red color shows up, (after) it becomes red,
15 then one may sew boots,
    or they sew gloves, various, or summer boots, or pants.

---

1   Сейчас я расскажу, как шкуру скоблят.
    Вот такую шкуру, у такой шкуры соскабливают мездру,
    плёнку скоблят, затем продымливают,
    шкура должна продымиться дымом.
5   Потом, когда продымится, оленьей требухой, пометом, намазывают.
    Намазали шкуру, один день пусть так побудет, потом снова скоблят.
    Снова и снова скоблят, пока шкура не станет мягкой.
    Опять повесили, чтобы подсохла.
    Чтобы из шкуры сделать замшу, снимают всю шерсть.
10 Когда шерсть сняли, начинают окрашивать ольхой.
    Ольху берёте, кору с неё сняли.
    Полученную краску из ольхи смешали с пеплом, с пеплом из коры
       березы.
    Смешав, этой смесью намазывают шкуру, красного цвета чтобы
       стала.
    Когда красного цвета станет, красной стала,
15 теперь торбаза можно шить,
    или перчатки шьют, разное, или летнюю обувь, или штаны.

«Чтобы из шкуры сделать замшу»
(продолжение)

Эрэк иш тоже уӈ нубгиччөттэ уӈна уӈ
нан эррочин одни уӈундук ханиндуӄ.
Нан ханиндуӄ одаӄан эчин эр одни, нан ноӈан инэмэ-э, этэнни
   улапта.
20 Нан эр тадуӄ хаӈанны, эррочин кириш одни, эчин кириш,
   эрэвдэвэр-дэ, эчин одни, нан эчин некчим.

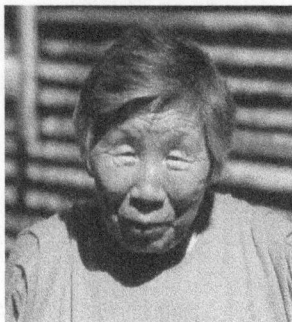

Adukanova,
Mariia Konstantinovna

Esso, 09.09.2003

Адуканова,
Мария Константиновна

«Намазываю мягкими чтобы стали»
М.К. Адуканова, с. Эссо, 09.09.2003

1 Маннуччоттам, тэк би иддёттэм шкурав,
   хаӈин-да ӄотыӈе бивэттэн, а би маннуччоттам,
   чтоб тэмбэкэн бидэн, аймаӄан ӄочаиддёттам,
   уӈэч хадатыӈу оленьим хадаваттам,
5 тэмбэкэн бидэн.
   Ишэ мөнтэлшэ эр самая ай бивэттэн шкура,
   ишэн-дэ, инӈатан-да,
   эйду мөнтэмиэ-лэ яптаӄан ай бивэттэн.

This skin they also treated with smoke,
this one turned out like this from the smoke.
If the skin is tanned in this way by the smoke, you will never get wet.
20 One may sew, when it becomes suede,
it becomes soft, from that I will make everything.

Эту шкуру тоже обрабатывали дымом,
вот такой она стала от дыма.
Когда от дыма шкура такой дубленой, н икогда не промокнешь.
20 Можно шить, когда станет шкура замшей, ровдугой,
будет мягкой, из неё всё буду делать,

"I smear them so that they become soft"
M. K. Adukanova, Esso, 09.09.2003

1 I make the effort, now to work on the furs,
some are thoroughly dried, and I work so
that they (the skins) become soft, I scrape accurately,
with the stomach contents of the reindeer I smear them
5 so that they become soft.
It is a fur that has been taken in autumn – that is the best fur,
the leather, the hairs,
the autumn fur of all animals is good.

---

1 Стараюсь, сейчас я выделываю шкуры,
некоторые пересушенные бывают, а я стараюсь,
чтобы мягкими стали, аккуратно скоблю,
содержимым желудка оленя намазываю,
5 мягкими чтобы стали.
Шкура осенняя – это самая лучшая шкура,
и шкура, и шерсть,
у всех зверей осенью хорошей бывает.

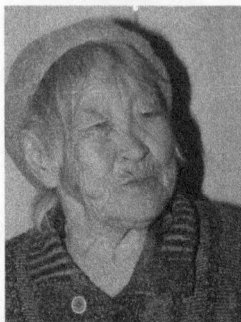

Nerevlia,
Ul'iana Mikhailovna

Esso, 11.03.2003

**Неревля,
Ульяна Михайловна**

«Камень для скребка берут из места…»
У.М. Неревля, с. Эссо, 11.03.2003

ELC3-02_1.7   ‖ 1 › 16:58 ‖ 5 › 17:23 ‖ 10 › 17:52 ‖ 15 › 19:12 ‖ 20 › 19:55

1   Шкуры выделывали,
    для этого готовили их с весны.
    Сначала надо летние, затем осенние, уже потом зимние делать.
    Мне даже показать сейчас нечего, их все раздали.
5   Когда выставка была у нас в областном музее –
    всё забрали.
    А теперь мы сами кое-как,
    молодых надо обучать, а то никогда уже такого не сошьют.
    Весной со шкуры мездру снимают,
10 а потом постепенно выделывают.
    Шкура с ног – камус – для торбасов,
    а из самой шкуры камлейки делают, верхнюю одежду.
    Шкуру надо дубить, иначе она мокнуть будет.
    Дубят её над дымом в юрте.
15 Инструмент для выделки – «Уу»,
    камень для скребка берут из места, которое называется Эвтэ.
    Камень бьют об камень (откалывают нужную форму),
    они лопаются, как надо.
    А вот камень из другого места – не так хорошо.
20 Такие камни мы собирали, когда работали в геологии.
    Камень острый, хороший (монокварцит).
    Железные вставки для скребка сами изобретали из старых машин.
    А сейчас молодежь ничего не хочет, ничего не знает.
    Только те, кто все время в табунах находятся, про всё это знают.

"They take the stone for the scraper from the place..."
U. M. Nerevlia, Esso, 11.03.2003

1 They worked on the furs,
(after) we had prepared them for that since spring.
First, one needs summer (furs),
then autumn (furs), and eventually winter (furs).
I can't show anything now, it is all dispersed.
5 When there was an exhibition with us in the district museum
they took everything.
But now we are careless,
one has to teach the young, otherwise they will never sew such things.
In the spring, they take the flesh layer from the skin,
10 and then they work on them gradually.
The reindeer leg skin is for (winter) boots,
and from the same fur they make capes, outer clothing.
One has to tan the hide, otherwise it will get wet.
They tan it with the smoke in the yurt.
15 The tool for processing is called *uu*,
they take the stone for the scraper from a place that is called *Evte*.
They chip off the blade from a stone,
they splinter it off, to get the needed shape.
But this here is a stone from another place – it is not so good.
20 We collected these stones, when we worked for the geologists.
The stone is sharp, a good quartz.
The iron bits for the scraper we found by ourselves from old machines.
But now the youth do not want (to do) anything, they know nothing.
Only those, who were with the reindeer herd all the time,
   they know everything about all this.

Окрашивание
Dyeing

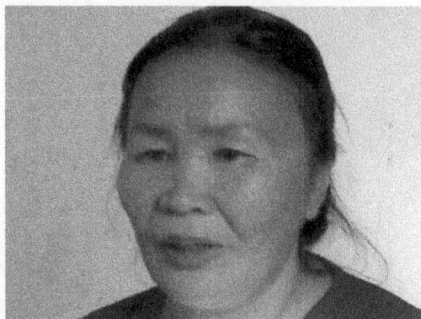

Lomovtseva,
Maia Petrovna

Esso, 12.03.2000

**Ломовцева,
Майа Петровна**

«У каждой мастерицы свой цвет»
М.П. Ломовцева, с. Эссо, 12.03.2000

ELC3-02_2   ‖ 1 › 00:04 ‖ 5 › 0:19 ‖ 10 › 0:39 ‖ 15 › 1:13 ‖ 20 › 1:34

1   Это вот так делают, вот так, видишь?
      [Эр эчин уӈӈөтэ, эчин, көенни?]
      Только эту часть, а неправильно будет вот так вот.
      [Эр чэлэмэнтэкэн, а неправильно бидин эчин эр.]
      Неправильно будет вот так, когда снимают кору,
      и там показывается белая масса,
5   это не надо брать, а именно чуть-чуть срезая, сверху,
      вот эта вот часть.
      Вот кора, видишь?
      Вот эта белая масса там должна показаться,
      если белая масса покажется, то сок не выйдет.
10   Смотри! [Кэетли!]
      а вот так неправильно будет, вот так, видишь,
      тогда сок будет хорошо показываться.
      А кору вот так, когда вот так срезают, кору,
      вот это плохо, не будет у неё сока, у коры.
15   Краска, когда человек начинает работать,
      окрашивать ольхой, заготовил уже тогда нормальную эту краску,
      и ещё обрабатывать и красить шкуру,
      если она плохо окрашивает, бледным-бледным цветом,
      она даже может не окрашивать.
20   Это предвестник того, что кто-то заболеет, или вообще,

"Each seamstress has her own color"
M. P. Lomovtseva, Esso, 12.03.2000

1 They make this in this way, here, you see?
   Only this part, but it will not get right this way.
   It gets not right this way, when they cut off the bark,
   and there appears a white substance,
5 one must not take this, but in fact cut off a little bit, on top,
   this part.
   Here is the bark, you see?
   Here, the white substance must show itself,
   if the white substance shows up, then sap does not leak.
10 Look!
   but in this way it will not be right, here, you see,
   then the sap will show itself well.
   But if they cut the bark this way,
   this is bad, there will be no sap from it, from the bark.
15 The color, when one begins to work
   to dye with alder, to prepare a decent color
   to prepare and to dye the skin,
   if she dyes it badly, with pale color,
   she'd be better not to dye.
20 It is an omen that somebody will fall ill, or in general,

ELC3-02_2 ‖ 25 › 1:59 ‖ 30 › 2:20 ‖ 35 › 2:37 ‖ 40 › 2:59 ‖ 45 › 03:12 ‖ 50 › 3:31 ‖ 55 › 3:51

вобщем, плохо будет.
Это предвещает, поэтому человеку лучше не красить.
Так это бывает: говорят,
какое настроение, как хочет, например,
25 если мастерица хорошо подготовила материал, всё,
то и краска ложится нормально, окрашивание идёт нормально.
Ещё она очень ядовитая, краска,
поэтому от неё надо беречься, чтобы она никуда не попала,
ни в глаза, тем более вовнутрь.
30 Человек может отравиться.
Поэтому от неё сильно берегут детей и т.д.
У каждой женщины, у каждой мастерицы свой цвет,
почему-то у каждой свой цвет бывает:
у кого-то тёмно-кровавый, тёмный-тёмный,
35 бывает просто красный, светлый.
Есть желтоватый, есть просто бледный цвет.
Человеку не дано, значит, краской пользоваться и красить.
Вот какую магическую силу имеет краска!
Магическим предвестником является то, что человек может заболеть.
40 Например, до этого мастерица красила, красила,
у неё всё было нормально, шло хорошее окрашивание.
А тут стала красить – у неё цвет не получается,
хотя по технологии всё выдержала,
сумела приготовить всё для этого.
45 Она начала красить – у неё не получается, идёт слабое окрашивание,
такое бледное – это предвестник того,
что человек может заболеть, или сам,
или кто-то в семье. Вот такие вот дела.
Обычно очень горячей водой заливают,
50 горячей водой, и ставят в тёплое место,
кипятить её не надо,
потому что при кипячении
сваривается сама кора и из неё уже не выделится сок.
Так что просто так держат, когда остынет немного,
55 надо подогревать на слабом огне.
Обязательно добавляют в отвар пепел.

in general, that there will be (something) bad.
It augurs this, therefore the person should better not dye.
So it is, as they say,
according to the spirit, what one wishes, for example,
25 if the seamstress has prepared all the material well.
Then the color sits properly, and the dying proceeds well.
Furthermore, the color is very poisonous.
Therefore, one has to take care that it does not get somewhere,
not into the eyes, and most notably not inside.
30 The person might get poisoned.
Therefore one has to carefully protect children from it.
Each woman, each seamstress has her own color,
for some reason everyone has one's own color:
someone has dark-blood red, dark, dark,
35 or it is just red, lightish.
There is yellowish, and there is just a pale color.
It is not given to people, that means, to use color and to dye.
What magic power is inherent in the color!
As a magic omen it means that one may get sick.
40 For example, as long as a craftswoman dyed and dyed,
everything was good with her, her dying went well.
And then she began to dye – the color didn't work out,
although everything she continued using the same technique.
She was able to prepare everything for this.
45 First she dyes – it doesn't turn out well, it results in poor dyeing,
so white – that is a presage
that a person might fall sick, or oneself,
or somebody within the family. So it is.
Generally, they pour very hot water,
50 hot water, and they put it into a warm place.
One must not boil it,
because during boiling
the bark is welded together, and the sap will not leak from it yet.
That it will keep so, when it cools off a bit,
55 one has to boil it on a low fire.
Absolutely, one must add ashes into the liquid.

«У каждой мастерицы свой цвет»
(продолжение)

ELC3-02_2 ‖ 60 › 4:12 ‖ 65 › 4:30 ‖ 70 › 04:52 ‖ 75 › 5:18

Ультэм, иккэле ультэмэн,
никакой другой, иккэле ультэмэн или ивняӄ корадукун,
краснотал-ивняӄ: таррочиндуӄ уӈӈон уртаван аталдин.
60 Нян дурутчин,
тараӄ нян уӈдин ультэндин эчин таӄрадинни,
нян ай бидин краскан.
Эрэкэ-ши «дуктэ» гэрбэн,
дуктурувэтты ишу-дэ дуктурувэттэ.
65 Дюллэкэнэ илэм-дэ, дыгэм-дэ инэӈу нэкчивэттэ,
эчин хуксич мөч өӈкэридюр,
нян гилшэмэлэ нэвэттэ, дегэбдэн, дегэбдэн,
эрэк уӈ одан, тэмбэкэн одан мэнкэн.
Нан эчин көетчинни, он-ӄа уӈэллэн уртэдэкун-кэ,
70 эр-кэ чушэн иллен иррочинни.
Мулэне одиллаӄан, тар уӈӈөттэ, он гөндим-кэ,
тар илӄан ай одины-ши краска уӈэн,
нян тык элэ уӈӈөттэ аммотта ультэнэч,
иккэле ультэндин, аич ордан элэ дуктэ.
75 Дуктурудиллөттэ:
дюллэкэнэ дуктурувэттэ энтэкэе, илӄан улаӄча оӄӄан ишиӈэш.

90

Ashes from the poplar (tree),
nothing else, ashes from poplar or from the bark of willow shrubs,
reddish willow: from that they take the bark.
60 After they burn it,
they mix it with these ashes,
and then a beautiful color comes out.
The color from alder they call *dukte*,
With that they dye the hide.
65 First one keeps it three, four days,
after one has poured hot water (over it).
Then they put it in a cool place to let it cool
so that it doesn't crumble.
Then they look to see what has to be done with this bark,
70 which color the sap will get.
When it attains a red color, then they make, how to say,
when the real color comes out,
then they mix it with ashes,
with poplar ashes that bond with the color.
75 They begin to dye:
First they use a lot of dye so that the skin is thoroughly soaked.

Пепел, тополиный пепел,
ничего другого, тополиный пепел, или из коры ивняка,
краснотала-ивняка: с него кору снимают.
60 Затем сжигают,
потом с этим пеплом вот так смешивают,
тогда хорошая получится краска.
Краску из коры ольхи называют «дуктэ»,
ею красят, шкуру окрашивают.
65 Сначала кору три – четыре дня держат,
горячей водой залив,
затем в прохладное место ставят, чтобы настоялась,
чтобы она стала сама размягчаться.
Потом смотрят, что делается с этой корой,
70 какой цвет отвара получается.
Когда станет красного цвета, тогда делают, как же сказать,
когда получилась настоящая краска,
тогда её смешивают с пеплом,
тополиным пеплом, чтобы краска скрепилась.
75 Начинают окрашивание:
сначала красят обильно, чтобы совсем мокрой стала шкура.

«У каждой мастерицы свой цвет»
(продолжение)

ELC3-02_2 ‖80›5:52 ‖85›6:27 ‖90›07:09 ‖95›7:39

Көетчинни тык эрэк элэкэш дуктурудиллөттэ, эчин,
эр элэкэш дуктурудиллөттэ,
80 энтэкэе ишиӈэш улаҟча одан.
Эрэгэр эчин көетникэн, уӈдинни,
илҟан эчин амаӈатниҟан.
Гору уӈӈэддёттэ дуктурудёттэ.
Дюллэкэнэ эчин дуктурудиш,
85 нян дуктуруриди чэлэвэн,
эчин нэдинни олгадан.
Амаҟатчай дуктуручэй,
эшэмэ көеттэй, көетникэн.
Дуктурувэттэ-ши илҟан аич тэмбэргэчэв ишу,
90 тэмбэкнэч оватта,
оватта-кка тэмбэкэм ишу.
Нянда эчин чаҟҟотта умэндулэттэ-тэ алиҟлавур
эчин дуктэӈур, уртаван дуктэ.
Дуктэ – тараҟ,
95 нючидыч бивэттэн «ольха горная».
Ольха кучукэн бивэттэн, кустарник.
Олгиччотта дуктурульдывӈэвур.

Look how they begin to dye.
When they just begin to dye,
80 it is necessary that the skin is thoroughly soaked.
While they continuously watch, what they make,
they wet it with color.
They continue to dye for a very long time.
First you dye in this way here,
85 then you dye everything,
so here you lay it for drying.
That which has been dyed,
has to be watched later, one has to observe the dyeing all the time.
And they dye the softened skin well,
90 they make it soft,
they treat the skin so that it becomes soft.
Again they lay it into a container
with its color and the alder bark.
This is *dukte*,
95 in English it is called mountain alder.
It is a small alder, like a shrub.
One dries it for preparing the color.

Посмотришь сейчас, как начинают окрашивание, вот так,
когда только начинают окрашивание,
80 надо чтобы шкура насквозь промокла.
Постоянно вот так осматривая, будешь делать,
обильно вот так смачивать краской.
Очень долго делают окрашивание.
Сначала вот так окрасите,
85 затем окрасив всё,
вот так положите, чтобы высыхало.
То, что было окрашено,
позже надо осмотреть, всё время надо осматривать окрашивание.
А окрашивают хорошо размягчённую шкуру,
90 мягкой её делают,
выделывают шкуру так, что она становится мягкой.
Снова вот так складывают в одну посудину
свою краску и кору ольхи.
Дуктэ – это,
95 на русском языке называется «ольха горная».
Ольха маленькая бывает, как кустарник.
Сушат её для изготовления краски.

«У каждой мастерицы свой цвет»
(продолжение)

ELC3-02_2 ‖ 100 › 8:26 ‖ 105 › 8:46 ‖ 110 › 09:06 ‖ 115 › 9:29

Нянда эчин дуктурудиллөттэ.
Эрэк-ккэ дуктэӈу уӈэ
100 эшни илқан мулэне бишэ.
Унтэв унэт уӈдим гявадилми.
Гявдим унэт эрэв.
дуктурудим, гявдим.
Көенни, эшни краскаӈу эрэк ильбэсшукэн дуктэӈу,
105 унтэшукэм унэт уӈдим,
дуктэв умитчим гявдай,
илэм инэӈу-дэ көеттыди.
Дуктуридим эрэв, ишъекэм эрэв.
Мину эрэк экму хупкутчэн, дуктурудэку.
110 Ноӈан дуктурулэне ӈэлэм бишин,
хавай ноӈангал.
Кучукэнды көечиддёттэм, дуктуруддывэн.
Унэт куӈа бишиву, он ноӈан дуктуруддёттэн.
Тык эле бими,
115 ноӈан минду гумчи, аймақан уӈнадаку.
Тык эрэмӈэл туркуттэ дуктурудэвур,
ӈие-дэ ан-да.

94

Again they begin to dye.
This is my color,
100 it is not at all a red color.
I will try again another time, to replace it.
Again, I also take another skin.
I will dye, once again.
You see, my color did not come out, this is the previous color.
105 I will soak the alder for replacement,
I will do it a little bit differently now,
and watch it for three days.
I will dye it, this skin.
My mother has taught me this, to dye.
110 She was a master at dyeing,
she was experienced.
From early childhood I observed, how she dyed.
When I was a child, I watched her as she dyed.
If she were here now,
115 she would have told me that I should do everything accurately.
These days the young cannot dye,
yes, and who of them may (even) know.

Снова вот так начинают окрашивать.
Вот эта моя краска,
100 совсем не имеет красного цвета.
Другую ещё сделаю, заменю.
Заменю и ещё раз шкуру.
окрашу, вторично.
Видишь, моя краска не получилась, это давнишняя краска,
105 ольху замочу для замены,
немного по-другому ещё раз сделаю,
и три дня понаблюдав.
Покрашу её, шкурку эту.
Меня этому моя мама научила, окрашивать.
110 Она мастер по окрашиванию была,
опытная она-то.
С малолетства я наблюдала, как она окрашивала.
Я ребенком была, как она окрашивала, смотрела.
Сейчас здесь была бы,
115 она бы мне сказала, чтобы аккуратно всё делала.
В настоящее время молодые не умеют окрашивать,
да и кто из них может что знать.

«У каждой мастерицы свой цвет»
(продолжение)

ELC3-02_2 ‖ 120 › 9:57 ‖ 125 › 10:25 ‖ 130 › 11:02 ‖ 135 › 11:42

     Тык эрэк биддэнкэнэ эчин,
     уӊдим көетчим тымина, он-ӄа один.
120 Абалшуӄан дуктэӊу, көенни?
     Эшни уӊэ, краскан абал.
     Илӄан дуктэӊи бивэттэн мулэне-е умэкич.
     Когда второй раз буду красить,
     я посмотрю какое окрашивание,
125 Дюллэкэнэ көетчим, он одын.
     Дуктэ эр, он набганин,
     Нян тадуӄ унэт уӊэдилми, уӊдим энтэкэешукэн,
     тэк эрэк курэнь улубуӄаватта эчиккэн, көенни, көеш?
     Улабдан.
130 Нян эчин нэвэттэ.
     Эрэк бидин элэкэш, краска.
     Унэт, унэт краскайди, яӄ оддама, эшэм одда!
     Тык эрэв гяв ичукэндим, он уӊдай некрэм.
     Илюмкэхэныч уӊӊөттэ яв уӊу ишу.
135 Гяв ишу уӊдэй некрэм ичукэндэй.
     Эчин балдун орочилтыт-та дуктурувэттэ,
     тытелерэптук унэт.

Then the color will just become like this here.
I will look tomorrow, to see which color came out.
120 Just a little of my color, you see?
No, all these colors are pale.
The true color should be such a red color.
When I will dye another time,
I will observe which (way of) dyeing.
125 First I will look to see which color came out.
This color, how it kept.
Then, when I start to dye, I will do it stronger,
they dye the skin especially to such a condition, you see?
That it is thoroughly soaked.
130 Then they spread it.
This will have enough color.
Again with red, I already did not finish dying.
Now I will show with a different skin, what I want to do.
Usually they make the skin always light.
135 I will show another skin.
So here the Evens dyed with alder earlier,
already since much earlier times.

Теперь краска пусть побудет вот так,
посмотрю завтра, какого цвета станет.
120 Маловато моей краски, видишь?
Нет, все-таки краски мало.
Настоящая краска бывает такого красного цвета.
Когда буду второй раз красить,
посмотрю какое окрашивание
125 Сначала посмотрю, какого цвета стала.
Эта краска, как настоялась.
Потом, когда начну окрашивать, сделаю посильнее,
шкуры специально красят до такого состояния, видишь, видите?
Чтобы насквозь промокла.
130 Потом вот так раскладывают.
Этого будет достаточно, краски.
Ещё, ещё раз краской, я ещё не закончила окрашивание!
Теперь с другой шкурой покажу, что хочу сделать.
Обычно лёгкой всегда делают шкуру.
135 Другую шкуру хочу показать.
Вот так раньше эвены окрашивали ольхой,
с давних времён ещё.

«У каждой мастерицы свой цвет»
(продолжение)

А когда иклеңэтэн ачча бивэттэн,
нигня вот-ивняҕ, краснотал,
140 нигня – это краснотал, ивняк, не ива, а ивняк,
высокая такая бывает, анны?
Таррочиндуҕун вместо иккэле дуруттөттэ,
уңңон уртаван – кору дуруччөттэ.
Нян ультэмэн элэ-ттэ-дэ,
145 мел уңңөттэ аммотта,
илькывэттэ элэ.
Иккэле-ши абалчими, тачин бивэттэн.
Эрэк тык көетлиллэ, готовый эрэк,
көеш, эчин краскачав, көеш?
150 Эрэк би мэнкэн некчэву.
Гули, эрэк уже уңэн,
тэми онаҕан можно сказать, что половину работы уңнив.
Дюр бидин, көенни?
Гяладавал.
155 Тык эрэв просто уңдэй некрэм, потому что гору дэсчирин.
Илэмкэкэнэ-ши ат уңнэч,
көенни, не мокрое мнение, а сухим, почти полусухим.

98

But when they do not have poplar,
(they use) a reddish willow,
140 *nigniia* – that is a reddish willow, not a willow, but willow shrubs,
you know, how high such shrubs grow?
They burn it instead of poplar,
they burn the bark of the willow.
Then the ashes here,
145 they mix them like chalk
and spread it into the color.
They do so, when there is no poplar.
But now look at the finished dyeing,
You see, how I dyed, you see?
150 This I have done by myself.
Say, that is the finished dyeing.
Therefore one may say that half of the work is done.
It will be two skins, you see?
And here is another skin.
155 Now I just want to do it, because it was lying a long time.
What a difficult skin that hasn't been worked up,
you see, not soaked, but dry, almost half-dry.

А когда у них тополя не бывает,
ивняк – краснотал,
140 «нигня» – это краснотал, ивняк, не ива, а ивняк,
высокий такой кустарник бывает, ты знаешь?
Его вместо тополя сжигают,
кору ивняка сжигают.
Затем пепел сюда же,
145 как мел смешивают,
всыпают в краску.
Это когда не хватает тополя, так делают.
А теперь посмотрите готовое окрашивание,
видите, как покрасила, видите?
150 Это я сама сделала.
Скажи, что это готовое окрашивание,
поэтому можно сказать, половина работы сделана.
Две шкуры будет, видишь?
А вот другую шкуру.
155 Сейчас просто хочу сделать, потому что долго пролежала.
Какая же шкура тяжелая без обработки,
видишь, не мокрое мнение, а сухое, почти полусухое.

«У каждой мастерицы свой цвет»
(продолжение)

ELC3-02_2 ‖ 160 › 13:48 ‖ 165 › 14:31 ‖ 170 › 15:02 ‖ 175 › 15:30

Нян тарав позже тачинта-да эчикэндэгэл уӈдан,
мулэнен одан уӈэшчидим.
160 Нян уӈнэкэн гырбушиндин, нян тар ай бидин.
Нян тык эчин гырбуми, этэн уӈнэ.
эртэки гильдундин,
этэн эчин биш утчуня биш, гильдушэндин.
Нан гильдушнөттэ-ши эчин эр будэльди, ӈиӈтэкэччөттэ,
165 кэенни, ӈиӈтэкэччөттэ.
Би эчин нунноттам, нуннам,
эшэм эчин аяввотта,
унэт-тэ эчин төрэрэм.
Эчин будэльди ӈиӈтэкэччөттэ,
170 это надо иметь такие крепкие пятки,
потому что сильно шелушится после окрашивания к концу пяток.
Ты видела танец, который я как-то делала,
эчин ӈиӈтэкэчиддыв тар.
С детьми я показывала.
175 Ко, яӄ он одан!
Табч дуктэвуш гөвэттэ он-а?
Ӄуӈаччоттан, тоже есть счастливые бивэттэ,

100

The skin is later even so that it gets such a red color,
I will work on it for a long time.
160 When the skin softens, it will be good.
Then, when it is getting soft, it will not be compressed,
it will be spread to the edges,
it will not get wrinkled.
They stretch the skin with their feet, they push it with their heels,
165 you see, they push it with their heels.
I cannot do so, I can't do it,
I don't like it so,
was it necessary, why I talk so?
So here with their feet they stretch it.
170 For that you need very strong heels,
because the ends of the heels are badly peeled after the dying.
Have you seen the dance that I once performed?
There I have shown how I stretched the skin with my feet.
I have shown that scene with the children.
175 Look, how it should work out!
By the way, you know what they say about the color?
That it can be childish, that people can become happy from it,

---

Шкуру позже так же, чтобы стала вот такого красного цвета,
буду долго обрабатывать.
160 Когда шкура размягчится, будет хорошо.
Теперь, когда размягчится, не будет сжатой,
растянется в стороны,
не будет сморщенной, растянется.
Растягивают шкуру ногами, ударяют пятками,
165 Видишь, ударяют пятками.
Я так не умею, не могу,
мне так не нравится,
надо же, зачем так говорю.
Вот так ногами растягивают,
170 для этого надо иметь очень крепкие пятки,
потому что сильно шелушатся после окрашивания концы пяток.
Ты видела танец, который я когда-то поставила,
там показывала, как растягивать шкуру ногами.
С детьми я показывала этот номер.
175 Смотри, как должно получиться!
Между прочим, ты знаешь, что говорят о краске?
Что она ребячится, от неё люди счастливыми становятся,

«У каждой мастерицы свой цвет»
(продолжение)

ELC3-02_2 ‖ 180 › 16:31 ‖ 185 › 16:49 ‖ 190 › 17:22 ‖ 195 › 17:49

он-ӄа гөвэттэ адунда ноӈан нуӈутчөттэн, анны?
Нуӈутчөттэн дуктэ,
180 если ӈи-дэ нёмэдин, то предвещаёттан,
эшни долчиватта, кэнелич уӈӈөттэн эшивкэвэттэн,
такой бледный бивэттэн, кявриӈа бивэттэн.
А илӄан эшичэ дуктур,
ай тараӄ бивэттэн – ичувэттэн.
185 Поэтому дуктур – эрэк священныйӄаӄан дуктур, гөвэттэ.
Дуктэв гэлэттөттэ, илэ-ккэ бивэттэн, уӈ болгитту.
Болгит анчиндулан ичэ ай бивэттэн, уӈна
химӈэндулэ нюльтэндук,
нюльтэн эдэн ноӈандулан энтэкэе нада.
190 Анӈин-да уӈэтэн дуктуручэтэн нод бивэттэн,
мулэне бивэттэн, анӈин-да эшни илӄан мулэне бивэттэ,
такие желтоватые бивэттэ.
Тараӄ, ӄуӈашчоттан дуктэ,
иногда энни долчиватта.
195 Тар унишэчил бишиш.
Ями эчин эширэм, эрэк уӈдэй би некэддэм,
олгичан, ӄотынчичай уӈдан ай ошиндан.

and they also say that it performs magic, you know about that?
The color performs magic,
180 if someone is about to die, then it presages it,
if it (the method) isn't complied with, (if someone) dyes poorly,
it has such a pale color and isn't covered evenly.
But if the color is dyed in the right way,
then everything will be good – one can see it.
185 Therefore color from alder is a sacred color, as they say.
They look for alder, where it grows, among dwarf pines.
Near dwarf pines there is a good growth,
at the dark side that is turned away from the sun,
sunshine must not fall on it.
190 With some (people) the dyeing comes out beautiful,
red color, with others red does not succeed,
it becomes such a yellowish color.
This color capricious from alder bark,
sometimes it doesn't want to succeed.
195 That you can get.
Why I smear so,
I begin to soften the well-dried skin so that it would be scraped off well.

а ещё говорят, что она колдует, ты знаешь об этом?
Колдует краска,
180 если кто-то должен умереть, то она это предвещает,
не слушается, плохо окрашивает,
такой бледный цвет имеет, неровно ложится.
А когда краска окрашивает по-настоящему,
тогда всё хорошо будет – это видно.
185 Поэтому краска из ольхи – эта священная краска, говорят.
Ольху ищут, где она бывает, среди кедрачей.
С кедрачом рядом выросшая хорошая бывает,
в тёмной стороне от солнца,
солнечные лучи на неё не должны сильно падать.
190 У некоторых окрашивание красивое бывает,
красного цвета, у других красный не получается,
такого желтоватого цвета бывает.
Это, капризничает краска из коры ольхи,
иногда не хочет слушаться.
195 Это вы можете приобрести.
Почему так мажу, я собираюсь сделать,
пересохшую шкуру размягчить, чтобы хорошо было соскребать.

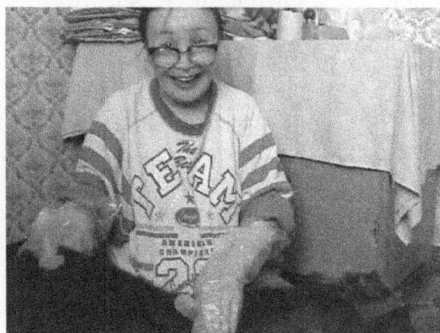

«У каждой мастерицы свой цвет»
(продолжение)

ELC3-02_2   ‖ 200 › 18:20 ‖ 205 › 18:44 ‖ 210 › 19:30 ‖ 215 › 19:55

Экичэ илэ-ши нэкчидим?
Няӄта юртаву бидэндэвул,
200 дюву-да илэ-дэ.
Өмнэкэннун, если уӈэдиллэм яв-да,
маннучидиллоттам нян мудаӄтай.
Дуктурувэтты-ши мэндук,
дюлепки эчин чаш,
205 дюлепки эчин.
Технология, техника то есть, как правильно делать практически.
Эрэк иш дюллэ кутчуни кэнели бишин умэкич.
До готовности, эрэк кэнерэкэкэн иш бишин
я пока не стала её скоблить.
210 Чэлэвэн краскадиллама-ши,
ко, эрьекэм краскадиллама-ши.
Нянда тачинта-тта, гөвэттэ, эчин тэггөттэ вообще-то,
по правилам, на маленький стульчик садятся
и делать тэринтэки.
215 Эчин ороч ашиӈан уӈэденнёттэн
тытэль, уӈныди.
Нэндэкэду вообще энэмэш эрэшту, да,

104

It's terrible, where shall I store everything?
It would be good, if I had my yurt
200 or a small cabin somewhere.
Once I begin to make something,
I take the trouble to finish it all.
And they do the dyeing (away) from themselves,
forward, like this here, further,
205 forward, like this here.
Technology, such a technique, how to make it right, practically.
First, this skin was stiff, it was terribly bad.
Until it is ready, it is still a long time,
I did not scrape it yet.
210 Now I definitely begin to dye,
look, the skin, I begin to dye.
Again so, as they say, they sit down this way,
according to the rule, they sit down on a small chair
and dye in all directions.
215 So the Even woman has done it always,
once, according to the rule.
In general, the *kukhlianka* is from the fur of a reindeer fawn, yes,

---

Ужас, где всё хранить?
Хорошо было бы, если бы была своя юрта
200 или домик где-нибудь.
Одним разом, если начинаю делать что-то,
стараюсь всё закончить.
А окрашивание делают от себя,
вперёд вот так, дальше,
205 вперёд, вот так.
Технология, техника такая, как правильно делать, практически.
Эта шкурка вначале жёсткой, ужасно плохой была.
До готовности, ещё далеко,
я пока не стала её скоблить.
210 Теперь полностью начинаю окрашивание,
смотрите, шкурку начинаю окрашивать.
Опять так же, говорят, вот так садятся,
по правилам, на маленький стульчик садятся
и окрашивают во все стороны.
215 Вот так женщина эвена всегда делала
когда-то, по правилам.
Кухлянку вообще-то из пыжика оленёнка, да,

«У каждой мастерицы свой цвет»
(продолжение)

уӈӈөттэ, онӈачан энэшнидукун уӈӈөттэ.
Августала илӄан оватта,
220 онӈачар эгдэкэкэр, ишитэн тар эюмкун бидэн.
Тараӄ анилалдылал бивэттэ, праздничные,
а уӈду-ши кустюмӈээтэн явчидывӈалтан
илӄан оран хагдыдуӄ иштук.
Эрэкэ-ши уӈ бидин, праздничный,
225 лёгкий бидин, көенни?
Онӈачан, көенни?
Онӈачан эрэк бичэ.
Нян тык, эрэ, Эрих нэндэкэгэн.

they make it from the fur of a reindeer fawn.
In August, when the young reindeer get bigger,
220 the furs from them are still light.
The *kukhlanki* from them are for gifts, they are festive,
but the clothes for the herders at night
are already made from grown reindeer.
But this *kukhlianka* will be a festive one,
225 it will be light, you see?
Reindeer fawn, you see?
It was a small reindeer.
That's all. Here is it, the *kukhlianka* for Erich.

изготавливают, из шкуры оленёнка делают.
В августе, когда становятся оленята побольше,
220 шкуры у них тогда лёгкие бывают.
Кухлянки из них для подарков бывают, праздничные,
а вот костюмы для ночных пастухов
уже из взрослой оленьей шкуры.
А вот эта кухлянка будет праздничной,
225 лёгкой будет, видишь?
Пыжик, видишь?
Оленёнком он был.
Вот и всё, вот она, кухлянка для Эриха.

Шитьё
Sewing

Indanova,
Oktriabrina Nikolaevna

Anavgai, 02.09.2000

Инданова,
Октябрина Николаевна

«Эту нитку из сухожилия прядут»
О.Н. Инданова, с. Анавгай, 02.09.2000

ELC3-02_3.1 ‖ 1 › 00:01 ‖ 5 › 0:31

1 (Эрэв) хуму эдук томқаватта,
   эр хумэл чэлэдюр,
   эрэк-тэ хуму, эрэк эр хумэл геки:
   эрэк нэмкун хумэ хаир эрэлбэ хаӈанылдывӈа, дырамшуӄан хумэ,
5 эрэк эр тоже дырам хумэ бишни,
   тык эрэк оран нирилин бивэттэн,
   эрэк уӈӈөттэ, он-ӄа гөвэттэ, томқаватта.
   Ми вот так эчин томқаватту,
   эрэк эрэӄли ӈонам бидэн.

"This thread they twist from reindeer tendons"
O.N. Indanova, Anavgai, 02.09.2000

1   This thread they twist from reindeer tendons,
      all threads here,
      this is also my thread, there are various threads:
      Thin threads for sewing gloves, thicker threads,
5   here are thick threads from tendons,
      which are from reindeer back,
      they make these, how shall I say, they twist them.
      We twist them in this way here
      so that the thread would have a certain length.

---

1   (Эту) нитку из сухожилия прядут,
      вот нитки все,
      эта тоже моя нитка, вот нитки разные:
      тонкие нитки, чтобы перчатки шить, потолще нитки,
5   вот толстые нитки из сухожилий,
      которые на спине оленя бывают,
      их делают, как же сказать, прядут.
      Мы вот так вот прядём,
      чтобы нитка определённой длины была.

Adukanova,
Mariia Konstantinovna

Esso, 09.03.2000

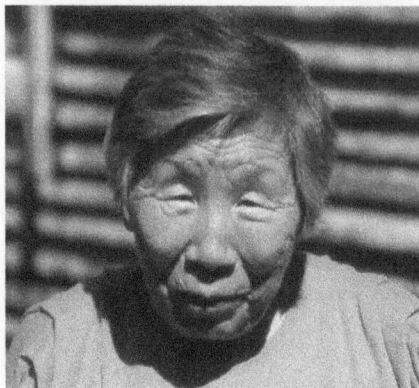

**Адуканова,
Мария Константиновна**

«Эту нитку так делаю»
М. К. Адуканова, с. Эссо, 09.03.2000

ELC3-02_3.2 ‖ 1 › 02:49 ‖ 5 › 3:55 ‖ 10 › 4:33 ‖ 15 › 4:56

1   Эту нитку так делаю,
    чтобы иголка с тонкой стороны заходила в дырку, вот так вот.
    На материале никак нельзя плести, я вот на такой шкуре это делаю.
    На материале никак не сплетёшь,
5   как верёвку путём скручивания.
    Немножко смачиваю слюной, как неудобно [кирлэдин].
    Раньше использовались оленьи сухожилия, высушивали,
    а сейчас никак,
    потому что они начали уколы делать и нитки не крепкие.
10 Вот это олений жир.
    Я так мажу, чтобы шкура мягкой была,
    чтобы плотно-плотно края прижались, когда шью я,
    чтобы край шкуры плотно прижался, как смола.
    Сапожники же смолой делают, а я оленьим делаю жиром,
15 чтобы края прижались.
    Когда в речку войдёшь,
    чтобы вода не попала,
    края тарбаз будут крепко держаться
    и вода не попадёт внутрь.

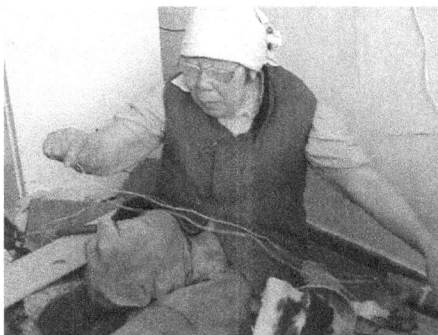

"This thread I make this way"
M.K. Adukanova, Esso, 09.03.2000

1   This thread I make this way,
    so that the needle goes from the thin side into the loop.
    You must never twist on fabric, I do it here on this fur.
    On fabric you never twist,
5   as a rope by means of twisting.
    I moisten it a little bit with saliva, though it's unpleasant.
    Earlier they used back tendons from reindeer that they had dried,
    but no longer,
    because they give injections now and the threads are not strong.
10 This is reindeer fat.
    I smear it so that the skin will be soft
    that the edges are pressed tightly, when I sew
    that the edge of the fur is pressed tightly, as with tar.
    Shoemakers do it with tar, but I use reindeer fat
15 to press the edge together.
    When you go through a stream,
    that water will not get inside,
    the edges of the boot are strongly pressed together
    and water does not get inside.

Koerkova,
Antonina Gennad'evna

Esso, 22.07.2002

**Коеркова,
Антонина Геннадьевна**

«Вышивание вышивается оленьим ворсом»
А. Г. Коеркова, с. Эссо, 22.07.2002

ELC3-02_3.3 ‖ 1 › 05:17 ‖ 5 › 5:32 ‖ 10 › 5:50 ‖ 15 › 6:10 ‖ 20 › 6:34

1   Вот это настоящее вышивание эвенское,
    эвенское вышивание, то есть оно вышивается оленьим ворсом,
    значит…оно не перекрашенное.
    Не перекрашенный оленний ворс.
5   А это уже перекрашенное, перекрашенное ольхой.
    Это очень долгая кропотливая работа.
    Это надо каждую шерстинку держать что ли,
    чтобы она куда-то не свернула в стороны,
    и загибать сюда, потом сюда, сюда…и иголка,
10 обязательно тоненькая иголка.
    Это долгая и нудная работа на эвенской шапке у нас.
    У коряков тоже есть вышивка, но она совершенно другая,
    по другой технологии шьется, на современной.
    Такого у них нету.
15 И этот оленний ворс,
    эта оленья шерсть берётся из оленьей шеи.
    Это зимний, зимний оленний ворс, отсюда он берётся.
    У него здесь длинная шерсть, вот здесь вырезается клок.
    Вырезается у убитого оленя зимнего сезона,
20 и это всё перекрашивается.

1 This is real Even embroidery.
Even embroidery, which is stitched from reindeer neck hair
that means, it is not dyed,
undyed reindeer neck hair.
5 And this is already dyed, dyed with alder.
This is very long and arduous work.
You have to hold every small hair
so that it does not roll up to the sides
and to bend it this way, then here…and the needle
10 a very thin needle.
This is long and dull work on the Even cap for us.
The Koryak also have embroidery, but that is completely different,
they sew with a different technique.
They don't have this.
15 And this reindeer neck hair,
this reindeer hair is from its neck.
This is winter reindeer neck hair, it is taken from there.
It has long hair, here a tuft is cut off.
It is cut from a slaughtered reindeer during the winter season,
20 and this all has been dyed.

Lomovtseva,
Maia Petrovna

Esso, 14.08.2000
Esso, 16.04.2014

Ломовцева,
Майа Петровна

«Из такой шкурки шапка будет»
М.П. Ломовцева, с. Эссо, 14.08.2000

ELC3-02_3.4   ‖ 1 › 6:39 ‖ 5 › 6:55 ‖ 10 › 7:25 ‖ 15 › 7:46

1　Ноӈан эрэк кучукэн.
　　Эрэкэ-ши мямӄачилдывӈавуртаӄан аӈаннотта эррочиндук,
　　нод бидэн, кїенни,
　　эр онӈаштук, онӈаш гэрбэн эрэк.
5　Эррочиндук авун бидины-ши.
　　Авӈай би эрэк уӈдэй некрэм уӈэч,
　　нодшуӄан бидэн, би аяввоттам тараӄ яӄ оратты, яӄ ораттыч.
　　Муттэдыч, чукчэ орачимӈал уӈ уӈӈон
　　чукчэмӈэл уӈэтэн ӄорбаӄаӄан бидэн, нод бидэн, кїенни?
10　Эрэк гирун, «гирун» гэрбэн,
　　тараӄ уӈэн ӄорбаӄаӈу, ӄорбаӄаву гирма.
　　Дюллэкэнэ тык уӈэддимкэнэ, гирраддимкана,
　　уӈэди кїеттыди, адыв уӈдим.
　　Гули, эдикэнэ уӈкир,
15　чаш уӈэшмэдэ найдём, уӈэшмиев,
　　эрэв тык кїединни, уӈдаку,
　　илэ-ккэ, эчу нэд, илэ-вут линейкэчэму-дэ, эшэм көер, эв эр!
　　Эчин кїеттыди, аймаӄан уӈдим, кїенни.
　　Эрэв ошалчаман уӈдим,

"From this piece of fur the cap is made"

M.P. Lomovtseva, Esso, 14.08.2000

1   This is a small piece of fur.
    They sew it from this just because it is interesting
    so that it would be beautiful, you see,
    from the part of the fur from a reindeer fawn that's been cut off.
5   From this piece of fur the cap is made.
    I will make a cap for myself from this,
    it will be beautiful, I like sewing, not only in the Even way.
    We also, as Chukchi reindeer herders,
    the same as with the Chukchi, the cap would be beautiful, you see?
10 This sewing pattern is called *girun*,
    it is for my cap, the sewing pattern for my cap.
    First I will cut,
    while I look at the sewing pattern, to see how much I can make.
    Say, so far nothing is done yet,
15 now we will find the mark, the division
    that is what you see now,
    where have I put my ruler, I don't see it, but here it is.
    I look at it and do it accurately, you see.
    I cut this fur from a reindeer fawn,

---

1   Эта шкурка маленькая.
    Это только для интереса шьют из такой,
    чтобы красиво было, видишь,
    из выпоротки, шкура оленёнка называется.
5   Из такой шкурки шапка будет.
    Шапку себе я вот хочу сделать из неё,
    красивее будет, я люблю не эвенские, не по-эвенски сшитые.
    Мы так же, как у чукотских оленеводов,
    чтобы как у чукчей шапочка была, красивой, видишь?
10 Это выкройка, «гирун» называется,
    она для моей шапочки, выкройка моей шапки.
    В начале сейчас буду делать, буду кроить,
    глядя на выкройку, сколько смогу сделать.
    Скажи, пока ничего не делать,
15 сейчас найдем чем размечивать, деление,
    это сейчас ты увидишь, давай-ка,
    где-же, не положила, где же моя линейка, не вижу, а вот она!
    Вот так глядя, аккуратно сделаю, видишь.
    Эту шкуру оленёнка выкрою,

«Из такой шкурки шапка будет»
(продолжение)

20 эрэв-дэ чикидим, ошалаӈгай-да тык,
уӈдэй некрэм эчин нодалтадай,
эртэки, эртэки гирқаттыди.
Улдаман эйду эчин уӈкэтчим,
бигэл эми аич кӣер, тэми уӈӈөттэм эчин
25 ришуитддёттам, оняддёттам уӈэч,
эшэмэ-ши аич кӣевэттэ.
Эр айдит-лу длина бидин?
Умэн, дюр, илан, дыгэн, тунӈан, нюӈэн, надан, дяпқан, уюн... уюн.
Дыгэн дулқақандулин бидин.
30 Умэн, дюр, илан, дыгэн дулқақан эр бидин,
дулқақман баққоттақана.
Нян эчин кӣеттыдюр, нянда элэ уӈэдиллӣттэ.
Нян гяву кӣечидиллэ дулқақла,
надан, надандагу бидэн, надан.
35 умэн, дюр, илан, илан, умэн, дюр, илан,
илан дулқақандулан, дулқақандулан бидэн.
Мян, мян эрэк бидин, нян ады бидин эрэк?
Тунӈан, тунӈан, дюлдэгэл дулқақақлан бидин,
умэн, дюр, илан, дыгэн, тунӈан, дюр дулқақақлан.

118

20 from this here I cut a piece off for myself now,
   I want to make this beautiful.
   I cut to here.
   The entire edge I cut off like this here,
   I can't see so well, that is why I do it like so here,
25 I draw, I draw with that,
   still I can't see well.
   Will this be the correct length?
   One, two, three, four, five, six, seven, eight, nine…nine.
   It will be four and a half centimeters.
30 One, two, three, four and a half it will be,
   the half will be there first.
   When we look at it now, we begin here to make it again.
   Then we look at the other part to the half.
   Seven, let it be seven centimeters, seven.
35 One, two, three, three, one, two, three,
   Three and a half, it will be on the half.
   Ten, it will be ten, but how much will this be?
   Five, five, it will be further to the half,
   one, two, three, four, five, to two and a half.

---

20 вот это отрежу, себе выпоротку сейчас,
   хочу сделать вот так красиво поправить,
   сюда, сюда выкроив.
   Края все вот так обрежу,
   я ведь не могу хорошо видеть, поэтому делаю вот так,
25 вырисовываю, рисую вот этим,
   уже не могу хорошо видеть.
   Это правильная длина будет?
   Один, два три, четыре, пять, шесть, семь, восемь, девять…девять.
   Четыре с половиной сантиметров будет.
30 Один, два, три, четыре с половиной это будет,
   половинку сначала находят.
   Теперь вот так посмотрев, снова здесь начинают делать.
   Потом другую часть смотрят до половины.
   Семь, пусть семь сантиметров будет, семь.
35 один, два, три, три, один, два, три,
   три с половиной, на половине пусть будет.
   Десять, десять это будет, а сколько будет это?
   Пять, пять, впереди до половины будет,
   один, два, три, четыре, пять, до двух с половиной.

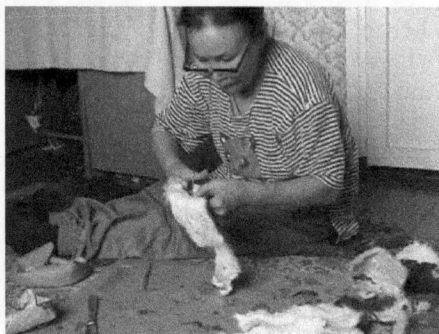

«Из такой шкурки шапка будет»
(продолжение)

ELC3-02_3.4 ‖ 40 › 10:51 ‖ 45 › 11:23 ‖ 50 › 12:10 ‖ 55 › 13:01

40 Нян эрэв эчин уҥҥөттэ, дулҡаҡандулан уҥниди.
Хонҥачангал ошалан ай бивэттэн, гиравми,
тарма экичэ эррочим,
ҥэнэлтэкэн ашал аҥандавур аявотта.
Бигэл эчин-тэ ножминчач гирышноттам,
45 нян минэвэттэм аванда уҥҥон.
Аймака-ан эчин гирротта.
Эчин гирдинни, кїетчинни нян унэт,
эдэн ҡяваня биш, кїенни?
Элэдэвул нод уҥэн нодагал бидин,
50 эргидэн элэдэвул аҥнавдаву нэдим, кїенни?
А аваны-ши, авангал, эдэн, эр-кэ уҥҥон кїеччөттэ,
эдэн нэбуллэ
Нэбуливэн эртэки уҥҥөттэ, улэдэвур гиррота эртэки.
Эрэкэ-ши уҥдин эдэн нод эдэн биш.
55 Курэнь эчин уҥҥөттэ,
гирротта орочил уҥу,
эдэн нэбулидиллэкэн, этэн нод биш.
Эртэки бидэн, эрэк уҥчэнни эргидэн ай бидин,
гадунтаҡан, тала нэбули уҥча,

120

40 Then they make it like this, you make it up to the half.
The fawn provides a good fur, when you cut it,
in fact, this one is bad,
only experienced women like to work with such furs.
But I also cut with scissors,
45 then I cut off the part of the fur that is not needed.
They cut very accurately like this here.
So here you cut
so that it will not be crooked, you see?
Here its side will be beautiful,
50 and this side here I use for sewing, you see?
And the rest, the leftover part no one will see
if it frays.
The frayed part they put here to throw it away, they cut here.
It will ruin the rest, it will not be beautiful.
55 They do this deliberately,
the Evens cut so
that it doesn't fray, it will not look beautiful.
To here it will be, this side will be alright,
only on the other, there is it frayed,

---

40 Потом это вот так делают, до половины сделаешь.
У теленка-то шкура хорошая бывает, когда кроешь,
правда плохо вот на этой,
только опытные женщины из такой шкуры шить любят.
А я так же ножницами выкраиваю,
45 затем отрезаю ненужную часть шкуры.
Очень аккуратно вот так кроят.
Вот так выкроешь, посмотришь и ещё,
чтобы криво не было, видишь?
Пусть здесь красивая её сторона будет,
50 а вот эту сторону для шитья положу, видишь?
А остальная, остальная часть, чтобы не её же осматривают,
чтобы не лохматилась.
Лохмотую часть сюда делают, чтобы выбросить, кроят сюда.
Она будет мешать, некрасиво будет.
55 Специально так делают,
выкраивают эвены так,
чтобы не лохматилось, не будет красиво смотреться.
Сюда пусть будет, эта сторона нормальная будет,
только на другой, там лохмотья есть,

«Из такой шкурки шапка будет»
(продолжение)

60 эрэн эчикэкэн, кїенни, бишигэр кяваня?
Эррон эртэки нян уӈӈөттэ гирашнотта уӈич,
эдэн кявалла.
Эррон минэшныттэ-дэ.
Гирриву эчин тык нян, яӈгай гирдим?
65 Умэн ыльки бидэн уӈӈөттэ некктттэ.
Ашапар, қот нод-та-да, эррочин бивэттэн, айдит?
Қорбақаду эррочин нод бивэттэн, эррочиндук гиривми,
ӈыныльты-да ашал гиррота эррочиндук.
Дюллекэнэ онӈашаӈур монӈаватта-а,
70 уӈ бидэн тэмбэргэкэн.
Кучельлекэкэнтэкэн алтаван эртэки аталашна,
нян монӈиватта, эдэн уӈрэ наштақам,
кучукэнэ-ши, булат урэчинни тэми-дэ.
Эрэк анилачиндывунтақан уӈ,
75 авун эррочин бивэттэн, анилачилдывун.
Нодыш бивэттэн онӈачан ишэн.
Умын, дюр, илан, дыгэн, тунӈан, нюӈэн – надан, надан.
Илан дулқақандула – мян.
Умэн, дюр, илан, дыгэн, тунӈан – дюр дулқақан бидин.

60 Here it is so, you see, how crooked it is?
This edge they cut here,
so that it will not be crooked.
And that part they also cut off.
I did cut this way, and now, why cut?
65 That the pattern would be even, they do it like this.
I don't know if it is beautiful like this, right?
For the cap it is beautiful so, from this they would have cut,
only experienced women cut from such fur.
First, they tumble the cutting by hand a long time
70 so that it becomes very soft.
They take off only a little bit from the flesh side,
then they tumble by hand so that it does not tear,
a very small piece of fur, therefore similar to fabric.
This is only sewn for a gift,
75 such a cap, to be given away.
The fur of reindeer fawn is beautiful.
One, two, three, four, five, six – seven, seven.
Three and a half – ten.
One, two, three, four, five – it will be two and a half.

---

60 Она вон какая, видишь, какая кривая?
Этот край сюда выкраивают,
чтобы не была кривой.
И это отрезают тоже.
Я скроила вот так, а теперь, зачем кроить?
65 Чтобы выкройка ровной была, так делают.
Не знаю, хоть красиво так, такая бывает, правда?
Для шапки так красиво, из чего бы ни кроили,
только опытные женщины кроят из такой шкурки.
Сначала выпоротку долго мнут руками,
70 чтобы она стала очень мягкой.
Только совсем немного мездры снимают,
затем мнут руками, чтобы не порвать,
очень маленькая шкурка, похожа на материал поэтому.
Такая шьётся только для подарка,
75 шапка такая бывает, чтобы дарить.
Красивая бывает шкурка оленёнка.
Один, два, три, четыре, пять, шесть – семь, семь.
Три с половиной – десять.
Один, два, три, четыре, пять – два с половиной будет.

«Из такой шкурки шапка будет»
(*продолжение*)

ELCЗ-02_3.4 ‖ 80 › 16:24 ‖ 85 › 16:52 ‖ 90 ›17:17 ‖ 95 › 17:49

80 Нянда эчин уӈэшнэ.
Эчин нянда гирр, эрэгэр кӣетчөтчи инӈатуӈур уӈӈон,
оӈ-ка инӈатыӈашан ун.
Эдлэвэр уӈэдилли яв-да уӈэдил,
таридит кяливатта ирқантан, таридит,
85 эрэгэр уӈ бидэн эмэр бидэн, эдэвэр эгэркэчиддэ.
Тарақам гадинни ӣмнэкэнтэ,
этэнни эртэки мэни уӈкэчиддэ таӈчиқачидда: нян гяв хэпкэндин,
нян гяв хэпкэндин.
Нян эчин көетчинни тык.
90 Эчиндэгэл бидин? Кӣеттэкукэнэ тык аич.
Авун эр көетчинни,
авангал эртэки гирқатчинни мэнқэн,
кӣеттыди-дэ-вул-дэ уливэн,
ашун-қа бидин уӈэн,
95 ады-да-вул бигрэдэн.
Умэн, дюр, умэн дулқақан.
Умэн дулқақан тарақ бидин.

80 Again they do so.
Again they cut in this way, continuously observing the edge of the fur,
how the hairs are lying.
So far they have not yet started to make something,
immediately they sharpen their knives,
85 they always have to be sharp so that they do not slip.
When you are making everything at once,
you will not stretch out the skin to the side: you will take hold of one,
then you take the other.
This you will see now.
90 Probably it will be so? Give it (to me), I will now look at it closely.
See the cap.
The rest here I will cut by myself,
while I watch the edges,
which one will be long,
95 how much it will be.
One, two, one and a half.
The length will be one and a half.

---

80 Снова вот так сделали.
Опять вот так кроят, постоянно осматривая края шкуры,
как ложится шерсть.
Пока ещё не начали что-то делать,
сразу натачивают свои ножи, сразу же,
85 должны всегда острыми быть, чтобы не отвлекаться.
Тогда с одного раза всё сделаешь,
не будешь себя по сторонам растягивать: то одно схватишь,
то другое возьмешь.
Вот так будешь смотреть сейчас.
90 Наверно так будет? Дай-ка я посмотрю сейчас хорошо.
Шапку посмотришь,
остальное сюда будешь кроить сама,
осматривая края,
какая будет у неё длина,
95 да хоть сколько пусть будет.
Один, два, один с половиной.
Одна с половиной длина будет.

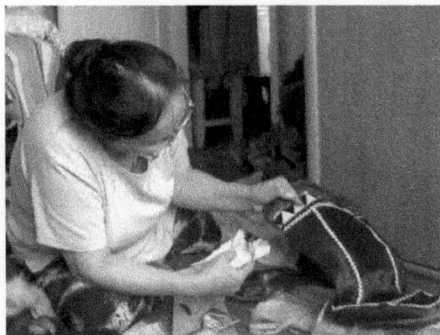

«От пальца измеряют длину»
М.П. Ломовцева, с. Эссо, 16.04.2014

ELC3-02_3.5 ‖ 1 › 18:05 ‖ 5 › 18:23 ‖ 10 › 18:55 ‖ 15 › 19:42

1 Эчин уӈӈөттэ гиввөттэ,
 ирҡан бивэттэн
 бидэн ай бивэттэн,
 эмэрир ирҡанач уӈэч гирэвми ай бивэттэн,
5 эчин дюллэкэнэ эррон кириӈшон эйду уӈэддин
 гирҡачиддин эрэв эчин.
 Табч, эррон эрэв уӈшэчиндэвэр уӈдин гирҡаччин эчин,
 минэдин алладин, эртэки минэдин нёбативан,
 эчин уӈниди илькэттиди,
10 ашун-ҡа бидин.
 Көетчин эчиндэгэл, умэндэвэр эчин ӈал умэн униҡан
 униҡандук эчиндэгэн бидин.
 Эчин, нян минэшиндин авандаган эртэкигэл гиввөттэ хиҡутыч эчин
 уӈни,
 тиккэль чаш эчин уӈдэку,
15 чэлэвэн инӈаттон эртэки уӈӈөттэ минэвэттэ.
 Нян эр уӈ получилуттан эчин, гяван нян эчин.
 Авнадуҡ-та уӈӈөттэ оняватта эрэк онятӈатан бивэттэн эчин,
 эчин нэвэттэ, эчин көеттыдюр,

126

"With the finger they measure the length"
M. P. Lomovtseva, Esso, 16.04.2014

1 So they make it,
   they cut it out, there is a knife,
   it has to be done like this so that it will be good,
   with a sharp knife they edge it, it becomes good,
5 first all remains are tidied up and taken away,
   so they edge it.
   Then this here you may throw away, this must be edged,
   they cut it accurately, so the white side of the skin is cut there
   and here marks are made.
10 They check what size it will be.
   With the finger of the hand they examine if they have made the right size,
   With the finger, like this here, they measure the length and the width.
   So you cut the rest on this side, they edge directly from this edge
   and then I go on making it that way.
15 (With) all the hair they do this, they cut it off.
   So this comes out, then another is here.
   They make it for the cap, they make such a drawing,
   so they attach it, examine it,

---

1 Вот так делают,
   вырезают, нож бывает,
   надо, чтобы он хороший был,
   острым ножом этим выкраивать, хорошо бывает,
5 вот так сначала вот это лишнее всё убирается,
   выкраивают вот так.
   Затем, вот это можно будет выбросить, выкраивать надо вот так,
   вырезают аккуратно, вот сюда вырезается белая сторона шкурки,
   вот так сделав пометки,
10 проверяют какой размер будет.
   Осматривают правильно ли сделан размер, по пальцу руки,
   от пальца вот так измеряют длину и ширину.
   Вот так, нарежешь остальное в эту сторону выкраивают прямо по
     этому краю,
   а теперь дальше вот так сделаю,
15 всю шерсть вот так делают, отрезают.
   Вот так и получилось вот это, другое теперь вот так.
   Для малахая делают, рисуют такой вот рисунок,
   вот так прикладывают, осматривают,

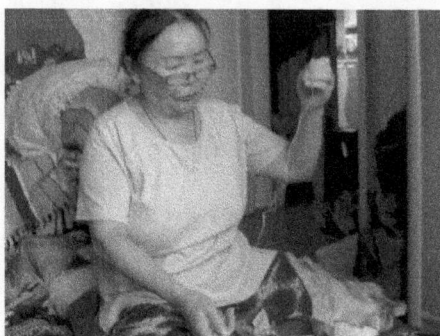

«От пальца измеряют длину»
(продолжение)

ELC3-02_3.5 ‖ 20 › 20:09 ‖ 25 › 20:56 ‖ 30 › 21:26 ‖ 35 › 21:47

эчин-тэ гигэшнэ хиӄутыч,
20 нянда эрэк уӈӈөн нян эртэки уӈӈөттэ минэвэттэ чэлэвэн,
инӈаттон чэлэвэн аич минэвэттэ, аич аӈандавур,
эдэн ныбуллэ, эрэк эчин бидин, эчин?
Эрэкэ-ши эчишукэн-дэ бидин,
эчишукэн нян один эр,
25 эрэв эчин нян арӄадин эйду.
Табч нянда явӈавур уӈдип.
Инӈаттон эрэв эртэки чэлэвэн минэвэттэ,
эдэн уӈнэ нушуня.
Нушунь бивэттэн экич уӈэдиливми.
30 Эррөнгэл эрэв аӈаннотта уӈэч умэч,
ум, умэч аӈаннотта эгдэнэч ум.
Табч кучукэн ум бивэттэн унэт,
эрдынни-дэ өмкэкэн бивэттэн,
эрэк ниша эррочимур нодыӄаван аӈанна.
35 Нодыӄаван эррочин аӈаннотта.
Нодыӄавгал аӈанадми, тэгэччөттэ уӈэч,
ат моӈин уӈэддөттэ эдэвэр уӈнэ ойра.

they even edge it all,
20 again they do it on this side, they cut everything.
They cut off accurately all the hair that you can sew well,
so that it will not interfer, it will be like this.
But this will be a little bit that size,
it will be a little bit larger,
25 and this, where everything is marked.
Then again we will cut the cap.
They cut off all the hairs of the fur on this side
so that they are not in the way.
They get entangled and in the way while you are sewing.
30 And here, they sew this with a thread from tendons (of reindeer back),
with a thread from tendons, a thick thread.
By the way, there is also a thin thread from tendons,
there is such an ordinary thread here, one may sew beads for an
   ornament on it.
They sew such ornaments on the clothing.
35 And when they sew the ornament, they sit on a bolster,
they work without a bench with the ornaments so that they don't ruin
them.

так же выкраивают всё,
20 снова вот это в эту сторону делают, отрезают всё,
шерсть всю аккуратно отрезают, чтобы хорошо можно было шить,
не мешала, вот так будет, так?
А это чуть-чуть будет такого размера,
чуть больше будет вот это,
25 а это вот так пометить всё.
Теперь снова малахай будем кроить.
Шерсть шкурки на этой стороне всю отрезают,
чтобы не мешала.
Лохматится и мешает потом при шитье.
30 А вот это шьют ниткой из сухожилий,
сухожилие, ниткой из сухожилий шьют, толстой ниткой.
Кстати тонкая сухожилья нить бывает ещё,
вот такая одинарная нить бывает,
ею можно бисер для украшения пришивать.
35 Вот такое украшение вышивают.
А вот когда украшения шьют, то сидят на подстилке,
без скамеечки работают с украшением, чтобы не испортить.

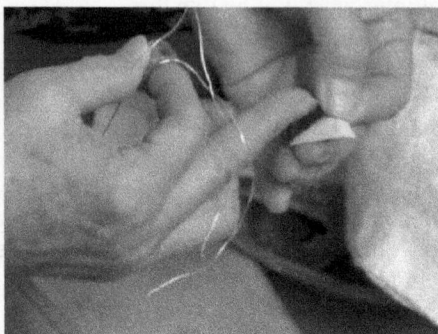

«От пальца измеряют длину»
(*продолжение*)

ELC3-02_3.5   ‖ 40 › 22:28 ‖ 45 › 22:53 ‖ 50 › 23:17 ‖ 55 › 23:42

Моӈимкар аит тэгридюр уӈэддёттэ аӈанаддётта.
Нян тарич аич кӨеччӨттэ,
40 авашки-кка уӈэн эртэки инӈатан бинни,
нян тарич аӈанна эчиндэвэр.
Эчиндэвэр аӈанашна, эчин бидин,
эчин бидин эртэки эр бидин ворсан.
Эр дяпкадин.
45 Нянда аич кӨечиддёттэ эчин,
эдэвур уӈнэ экич экич оивми, кэнели бивэттэн,
эчин аӈавми.
Эррочим нодыӄавгал титэлерэптук,
эчин уӈэллитэн агдыл аӈаналлытан,
50 аӈанноттан эрэв чэлэвэн нодыӄав кӨеттыди.
Аван-да кӨечиддёттэ урэкчэ-ши бишивэн.
Урэкчэр урэчинни бидэн, илаттатан эчин чубунял.
Би унэт тардала уӈтэлэ гургэвчирэм, би гургэвчирэм культурэлэ.
Яӄ би вообще аӈанамӈа бишэм,
55 мэнкэн би мэнкэн аӈаныллив эрэк эчин дёӈидми экмэю бичэв,

130

A bench hinders, you sit down comfortably and sew.
All the time they check the sewing,
40 to see which side the hairs are oriented.
Then they begin to sew, how it has to be done.
So here they sew, the seam will be sewn here,
so it will be, and the hair of the fur will lay this way.
Here are eight seams.
45 Again they watch closely this way
so that they don't spoil it, it's very bad, when they ruin it, it's bad,
when you don't sew accurately.
These ornaments were made like this from ancient times,
our ancestors sewed them,
50 they sewed all these ornaments, all the time they checked them.
Sometimes they observed how the mountains look, to transfer it onto the
    ornament.
So that in the drawings the mountains will be visible, that they stand out
    in blue (color).
I also work at another place, I work in the cultural sphere.
Actually, I am not a skilled worker,
55 I just began to sew for myself, I adopted and repeated the sewing of my
    late mother,

Скамейка мешает, удобно усевшись, вышивают.
Постоянно осматривают шитьё,
40 в какую сторону шерсть направлена,
тогда начинают шить, как надо.
Вот так шьют, шов сюда будет ложиться,
так будет, вот сюда вот будет ложиться ворс шкурки.
Вот восемь швов.
45 Опять внимательно смотрят вот так,
чтобы не попортить, очень плохо, когда портишь, это плохо,
когда шьют неааккуратно.
Такие украшения издревле стали изготавливать,
предки наши стали вышивать,
50 шили все эти украшения, постоянно осматривали.
Иногда смотрели как выглядят горы, чтобы передать в орнаменте.
Чтобы в рисунке были видны горы, чтобы стояли они голубые.
Я ещё в другом месте работаю, я тружусь в сфере культуры.
Вообще-то я не являюсь мастерицей,
55 просто сама по себе стала шить, я перенимала и повторяла шитьё
мамы-покойницы,

«От пальца измеряют длину»
(продолжение)

ELC3-02_3.5   ‖ 60 › 24:11 ‖ 65 › 24:45 ‖ 70 › 25:09

эдэтэн омӈақатта,
эдэтэн омӈар аӈанқачивутан.
Тэми би эчин дёӈачиддёттам, аӈанқачиддёттам.
Эрэк гөвэттэ урэкчэ-шив дёӈичаватан эчин бивэттэн,
60 эчин нян бидэн, нян эчин уӈ уӈэшнэ гирэшнэ.
Нян эчин бивэттэн эрэгэр эчин аӈанадяннётта орочил.
Нян эррочин эчин бивэттэн, эчин эр.
Эр умтэч уӈӈэ, нян элэ нян элэ,
эррочин элэ бивэттэн элэ-ттэ эчин.
65 Умэ, оран умэн,
эдук эр эррочим томқаватта,
умэч аӈаналдывӈавур нян томқаватта эррочиндук эр, эчин эр.
Уӈнидюр эйду томқаддётта эртэки.
Нян эр эррон аӈанна эйдук-ккэ эр, көетли, аӈантыӈӈон.
70 Эррочиннэткэн эчин аӈаннотта титэльгэль.
Би аӈанашчиваттым-та, томқашчиваттим-та,
эрэк уӈэӈур эрэв нубгиччётту уӈэӈур вобщем-то.
Яқ эчин бивкэвэттэ.
Эррочин одақан, нян эчин уӈӈөттэ эртэки эйду,

132

so that I don't forget

so that my descendants never forget this old sewing.

Therefore I sew until to now in the traditional way, I sew, how it always
  was.

Here in this drawing, they say, it is the clear expression of mountains,

60 exactly, as it has to be, here in this way they cut.

So it is always, how the Evens once sewed.

There is such sewing, that kind.

This seam is from (reindeer back) tendons, here and there also,

and here is that seam.

65 Thread, thread from reindeer,

from this here they spin a thread,

a thread from tendon for sewing, like this here.

After having gathered it all together, they spin a thread in this direction.

Then they begin to sew from here, look, here is another seam.

70 They have sewn only in this way from olden times and never in a
  different way.

I work hard and sew and spin threads from tendons,

here are these skins, we generally smoke (them).

They don't just roll.

With the smoked skin they begin like this and from here all the flesh side,

---

чтобы не забыть,

чтобы никогда потомки мои не забывали это древнее шитьё.

Поэтому я до сих пор шью традиционным способом, шью, как было.

Вот на этом рисунке, говорят, точное изображение гор,

60 именно так, как надо, вот таким образом они выкраиваются.

Так бывает всегда, так шили когда-то эвены.

Такое вот шитьё бывает, вот такое.

Этот шов из сухожилия, вот здесь и здесь тоже,

а этот вот тут бывает, вот тут такой шов.

65 Нить, оленья нить,

вот из этого прядут нить,

нить из сухожилия для шитья, вот так.

Собрав всё вместе, прядут нить в эту сторону.

Потом начинают шить из этого, смотри, вот он шов какой.

70 Только так шили с давнего времени и никак по-другому.

Я сама стараюсь и шить, и прясть нитки из сухожилий,

вот такие шкуры мы коптим всегда вобщем-то.

Они так просто не валяются.

С копчённой шкуры вот так начинают отсюда всю мездру,

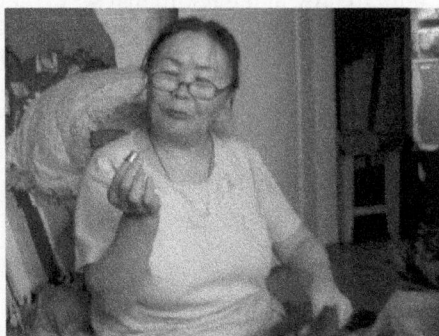

«От пальца измеряют длину»
(продолжение)

75 аталқаччётта.
   Дяпкадук нян эрэв,
   аймақань көеччөттэ, эдэн уӈнэ,
   эртэки эчин,
   нян энгэрдун томқаватта, эчин.
80 Тарма эрэк би эчу, нян экит томқар нян бивэттэн.
   Эрэгэр нян эчин томқаддётта.
   Нян эр примерно эчин бивэттэн эррочинни.
   Эрэк ае, эшни,
   эшни эрэк томқача аи, томқача дерчил.
85 Эрэк агдыл уӈчэ агдыл ашивча,
   эрэк тикмэмэн эчин тик,
   дёӈимил, эчин некрэм.
   чаш элэ биддэн элэкэн.
   Табч, нодықавгал эррочим аӈаннотта,
90 умэч кучукэнэч илбэкунэч бидэн,
   табч инмэнэ-ши бивэттэн эррочинни мунӈети,
   а илқангал тарав эгдекэеч гранённыяч аӈанадиллотта,
   эррочин чарыгчач аӈаннотта.
   Тарақ эрэв ишшуми-дэ эшшэвэн,

134

75 they scrape it off.
The seams on the fur
they watch closely to see that they
have laid them down correctly,
here, they spin a thread.
80 Right, this here I have not yet put on.
But it is very difficult to spin a thread.
They spin threads this way all the time.
So they are for example.
This thread is good,
85 This thread is good,
but this is bad, this thread is quite thin.
These are old ones that they made, old sewing,
but this is sewn only very recently.
Now, these ornaments they sew in this way,
90 with thin (reindeer back) tendons so that the seams are closely laid down,
and also that the needle was so little, short,
but generally they start to sew the skins with big needles,
with such a big needle they sew.
Then skins and (small) skin (parts),

---

75 соскабливать.
Швы на шкурке вот так,
внимательно рассматривают, чтобы они
правильно ложились,
сюда, потом прядут нить, так.
80 Правда, вот это я ещё не одевала.
А ещё трудно очень бывает прясть нить.
Постоянно вот таким образом прядут нити.
Такие они примерно бывают.
Эта нить хорошая,
85 Эта нить хорошая,
а вот эта плохая, нитка слишком тонкая.
Это старые сделали, старое шитьё,
а это совсем недавно сшито.
Теперь, а украшения вот такие вышивают,
90 сухожилием тонким, чтобы швы вплотную ложились,
а ещё, чтобы игла была вот такая небольшая, короткая,
а в основном шкурки большими гранёнными иглами начинают шить,
вот такой толстой иглой шьют.
Вон ту шкуры и шкурки,

«От пальца измеряют длину»
(продолжение)

ELC3-02_3.5 ‖ 95 › 27:59 ‖ 100 › 28:25 ‖ 105 › 28:55 ‖ 110 › 29:52

95 эр эррочин эшшэ эр,
  эшшэвэн аӈандин эчин.
  Эррочинэ-ши гяч умэч умэлькэн,
  нян эрэк эйду уӈӈөтту, гяву.
  Эррочимгэль эррон аӈаннотта олдаман эйду,
100 эчин аӈаннотта чагич эррочим.
  Кучукэшукэн инмэ бивэттэн, яҕ эррочин эчин.
  Эрэк аӈанилдывун илҕан.
  Табч, яв унэт тэлэӈдим?
  Нулдэвкэву эрэву ошалтаҕан ай бивэттэн,
105 эрэккэль уӈэну ай бидин уӈтэки уӈнэми анилачивми.
  Эрэв аӈаныдилми-ши эчин уӈӈөттэ.
  Эртэки-ккэ эчин уӈӈөттэ ошалаӈур көеччөттэ эчин.
  Эдукут эчин, эчин бидин, эдукуш эчин,
  эрэк эртэки, эртэки эчин, эрэв эртэки, гяван эчин уӈӈэ,
110 эчин, эчин эр бивэттэн эчин,
  эчин дёр, эрэк уӈэн эрэн,
  эчин нян эчикэн бидин, эррон эшшэв,
  а эшшэвэнгэл нян эчин-тэ-ттэ мериттөттэ,

95 here this skin,
   this skin we sew in this way.
   This skin they sew with other threads from (reindeer back) tendon,
   they make totally different threads from (reindeer back) tendon, (also)
       others.
   But this they sew completely from the back side,
100 like this here, this here they sew from the back side, this skin.
   There is not such a thick needle, another, this here.
   This is real sewing.
   So, what else should I say?
   For the migrations these furs go very well,
105 and this fur of mine goes well as a gift.
   First, they start to sew carefully.
   From all directions they carefully examine the reindeer leg skin.
   From this side, they estimate, from the other side,
   then from this side, from here, this side,
110 so here, here it will be like this,
   here on two seams, here differently,
   ike this here, and here to this place, this skin,
   and the skin, by the way, they measure exactly the same way.

---

95 вот такую шкуру,
   шкуру шьют вот так.
   Такую шкуру другими сухожилиями шьют,
   совсем другие сухожильные нитки делают, другие.
   А вот это шьют по боковой стороне полностью,
100 вот так, вот так шьют с задней стороны такую шкуру.
   Не такая толстая игла бывает, другая, вот такая.
   Это настоящее шитьё.
   Так, о чём же мне ещё рассказать?
   Для кочёвки вот такие шкуры хорошо подходят,
105 а вот эта моя шкурка хорошо подходит для подарка.
   Когда начинают шить, сначала внимательно.
   Со всех сторон шкурки с ног оленя внимательно осматривают.
   С этой стороны, прикидывают, с другой стороны,
   теперь с этой стороны, отсюда, здесь, эту сторону,
110 вот так, здесь будет вот так,
   здесь по два шва, здесь по-другому,
   вот так, а тут до этого места, этой шкуры,
   а мех, кстати, точно так же измеряют,

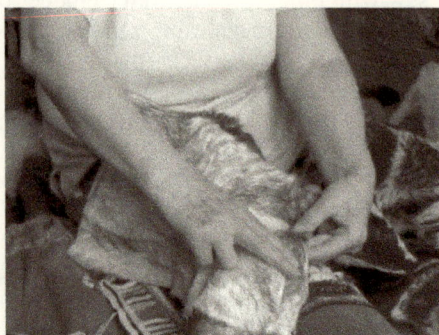

«От пальца измеряют длину»
(продолжение)

ELC3-02_3.5 ‖ 115 › 30:18 ‖ 120 › 31:30 ‖ 125 › 31:53 ‖ 130 › 32:27

эчин-тэ-ттэ мериттөттэ, гөвэттэ эчин орочил,
115 титэль орочил яӈ линейкэтэн сэнтиметэр-тэ бишин,
эчин-тэ мериттөттэ уӈдир, дёр.
Нян эшшэн бидин эр эрдын бидин примерно.
Эрэк гиввөттэ кучукэнэч уӈу.
Эрэв эчин минэвэттэ уӈӈөн,
120 нян эчин тарашнотта,
тараватта.
Эрэв гөвэттэ «тукэрэндэчэ», «тукэрэндэчэ».
Эчин нян бивэттэн,
эчин эчиккэкэн бидэн,
125 уӈӈон минэчэв уӈӈөттэ кучулеккэн минэвэттэ, эчин.
Нян аӈаннотта тачин-та-да.
Эрэк унипанач дяваччотта эчин эрэгэр,
Табч аӈанадилдавара-ши
ошалу-да ошалу-да уӈу чэлэвэн уӈӈөттэ
130 нубгиччөттэ, нубгичча ай бивэттэн.
Эшни улабботта.
Эрэв тукэрэндэчэ эрэгэр уӈнин бивэттэн эли,
адун-да унтэли-дэ уӈӈөттэн.

138

They also measure, the Evens said
115 that before the Evens had no rulers with centimeters,
they measured with the long finger, with two.
Then the skin will have about such a size.
This they cut gradually to small pieces.
Here they cut something off,
120 then they stretch the fur this way,
they stretch it.
This is called "stretching".
So it happens,
like this here, it goes to this place,
125 she cuts off the rest, usually they cut off a little bit, like this here.
And then they begin to sew.
When they sew, they always have a thimble on their finger.
By the way, before they start sewing,
they smoke all the small skin pieces and the skins,
130 they smoke them so that the boot can be worn a long time.
It doesn't get wet.
Such stretching always takes place on this edge,
but sometimes the Evens do it differently.

так же измеряют, рассказывали эвены,
115 что раньше у эвенов линейки сантиметровой же не было,
и измеряли по длине пальца, двух.
Затем мех будет вот такого размера примерно.
Его выкраивают постепенно небольшими кусочками.
Вот здесь немного отрезают,
120 затем вот так растягивают шкурку,
Растягивают.
Это называется «растяжка», «растяжка».
Так вот бывает,
вот так, до этого места бывает,
125 лишнее отрезала, вообще-то отрезают понемногу, вот так.
Ну а потом вот так же начинают шить.
Когда шьют, палец всегда с напёрстком, с напёрстком.
Кстати, прежде чем начинать шить,
шкурки и шкуры все коптят,
130 коптят для того, чтобы долго носилась обувь.
Она не промокает.
Такую растяжку всегда бывает по этому краю,
а иногда делают это по-другому эвены.

«От пальца измеряют длину»
(продолжение)

ELC3-02_3.5 ‖ 135 › 32:48 ‖ 140 › 33:14 ‖ 145 › 33:35 ‖ 150 › 34:21

ороч орочи-ши эрэк тукэрэндэчэн бивэттэн эчин эрэгэр,
135 уӈнин дюльдэлин тиӈнидэлин тиӈни эйду уӈӈөттэн
нод бидэн.
Табч эр-кэ эчин уӈэтэн дёӈидан, эртэки.
Тиӈнуди дёӈидан аит нод бидэн.
Нодыҟатан гөвэттэ, эрэк «тукэрэндэчэ».
140 Гөвэттэ эчин эр.
Нян эчин эрэгэр уӈдин эртэки аӈандин эртэки.
Унэт элэ уӈдин тульдин эртэки,
явуч эррочимдэ-вул-лу тульдин эчин, эчин, эчин бидэн.
Нян эчин эрэгэр уӈдин эр минэдин,
145 нян эчин нод оваттан, нод-да бидин нян эчин бими. Айдит?
Эчин тэтивэн тачин гирротта, он гөвэттэ,
тинивунду гирротта эчин балдун.
Эчин гирашнотта-да элэ.
Эчин, эчин аӈаннотта, эчин дяваччотта, эчин, эчин.
150 Эрэву-ши эчин тиниччөттэ тинэвун эчин,
эдэн уӈнэ мешаитта.

In the Even way the stretching is always there,
135 always here in front, they do it always in this way in front
so that it will be beautiful.
By the way, they repeat this, in the old way.
Traditional sewing repeats just as now.
They call their ornaments "stretched".
140 They call them so.
Then they sew in this direction, to here.
Here an insert is still made,
they put it there from any piece, so here, it will look like this.
Then they always cut off the rest and correct it,
145 so it becomes beautiful, if they make it in this way. Right?
They cut this for clothes, how you say,
for clothes they cut it in this way.
So they cut it here.
So they sew, they hold it in this way, like this here.
150 And so they hold the cutting board, this way
so that the fur does not get in the way when you are sewing.

по-эвенски растяжка всегда бывает вот здесь,
135 вот тут спереди всегда, спереди делают всегда,
чтобы красиво было.
Кстати, это повторяют, по-старинному.
Традиционное шитьё повторяется и сейчас.
Их украшения называют «растяжкой».
140 Называют их так.
Потом так и шьют в эту сторону, вот сюда.
Ещё сюда сделает вставку, вот здесь,
из какого-нибудь куска вставит вот так, так, вот так будет выглядеть.
Потом всё время вот так отрежет лишнее, поправит,
145 вот так становится красиво, станет красиво, если так делать Правда?
Вот так для одежды выкраивают, как говорится,
для одежды выкраивают вот так вдоль.
Вот так кроят здесь.
Вот так, так вот сшивают, так вот держат, вот так, вот так.
150 А вот это вот так держат доской для кройки, вот так,
чтобы шкура сама не мешала шить.

Adukanova,
Evgeniia Ivanovna

Esso, 07.04.2014

**Адуканова,
Евгеия Ивановна**

«Чтобы везде свободная обувь была»
Е.И. Адуканова, с. Эссо, 07.04.2014

ELC3-02_3.6 ‖ 1 › 34:35 ‖ 5 › 34:45 ‖ 10 › 35:09 ‖ 15 › 35:32

1   Эр эрой, эрчэм, а потом нан эрэв.
Эчин? – Инэ.
Эрэк бидин иррочин размер?
Тридцать восьмой.
5   Иланмяр дяпкан эр размерӈас бидин.
Эрэкэ-ши иланмяр дяпӄан эрэк.
Ойдалан сороковой – сорок первый.
Дыгэнмер – дыгэнмер ömэн, да?
Сорок первый, ну чтобы эгден бидэн,
10   чтобы дотанни,
айта, айта – стельки.
Эчин эйду свободный бидин.
Нан эчин, свободный эрэк нан и стелькэгэн бидин эрэв эр,
потом нан чижи и портянки будут.
15   А если что, значит сороковой, нан эчин,
нан тачин-эчин, тачин-эчин, эчин-тачин.

142

"That the boot will be ample everywhere"

E. I. Adukanova, Esso, 07.04.2014

1 This here, into this direction, and then this.
   Like this here? – Yes.
   And which size will it then be?
   Thirty eight.
5 Thirty eight, this is your size that it will be.
   And this is also size thirty eight.
   No, more, about forty – forty one.
   Forty – forty one, yes?
   Forty one, though that will be a big size,
10 so that (it fits) with inner shoes,
   with grass, grass – insoles.
   That it will be ample everywhere.
   So here, a ample boot with insoles, like this here,
   and then there will even be inner shoes and cloth for the feet.
15 And if that, that is about forty, such size,
   so then like this here.

---

1 Вот это, эту сторону, а потом вот это.
   Вот так? – Да.
   И какой это будет потом размер?
   Тридцать восьмой.
5 Тридцать восьмой этот твой размер будет.
   А это тоже тридцать восьмой размер.
   Да нет больше, сороковой – сорок первый.
   Сорок – сорок один, да?
   Сорок первый, ну чтобы большой размер был,
10 чтобы с чижами,
   травой, травой – стельками.
   Чтобы везде свободно было.
   Вот так вот, свободная обувь со стельками была вот так,
   потом ещё чижи и портянки будут.
15 А если что, значит сороковой, такой размер,
   потом вот так, вот так, так вот.

Женская одежда
Women's clothing

Koerkova,
Antonina Gennad'evna

Esso, 22.07.2002

**Коеркова,
Антонина Геннадьевна**

«Каковы женские руки, какие они ласковые, сильные»
А. Г. Коеркова, с. Эссо, 22.07.2002

ELC3-02_4.1 ‖ 1 › 00:03 ‖ 5 › 0:24 ‖ 10 › 0:50 ‖ 15 › 1:29 ‖ 20 › 2:03

1   Значит…это верхняя одежда женская,
    одевается она в летний период.
    Одевается такая верхняя одежда в летний сезон.
    В основном женщины это одевали в праздничные дни,
5   в остальные дни они уже носили одежду полегче.
    Например, вот такие вот, то есть одевали они
    неукрашенную одежду только в повседневные дни.
    Такую же натуральную: в кожу одевались,
    в такие костюмы только в праздничные дни.
10 Полностью костюм с наружной стороны шерсть идет вниз,
    то есть смотрит вниз.
    Такие вот у нас костюмы кроятся не какими-то линеечками, а руками.
    Каждая рука означала твое измерение.
    Вот так вот оно измерялось отсюда до сюда.
15 Раз, два, три, например, с серединки…вот серединка у нас.
    Предположим, вот она…и измерялось вот так…
    Один, два, три, четыре измерительных длины пальца.
    Здесь с изнаночной стороны, конечно, выделывалось,
    оно не оставлялось в шерсти, а выделывается.
20 Это огромная работа,
    огромная работа для каждой женщины, каждой мастерицы.
    Это надо вкладывать в выделку шкуры, вкладывать всю свою душу.
    Сколько сил. – Да, сколько сил.

"What female hands, how gentle and strong they are"
A. G. Koerkova, Esso, 22.07.2002

1   This is the woman's outer clothing,
    it is worn during the summer season.
    This outer clothing is worn during the summer season.
    In general, women wore this on festive days,
5   on other days they wore lighter clothes.
    For example, these here, they wore,
    just for everyday life, it was not decorated clothing.
    This is not natural, they were clothed in hide,
    but those clothes only on festive days.
10 On the entire coat the hair on the outer side falls down.
    that is, it points down.
    Such coats here are cut by us not with some ruler, but (are measured) by
       hand.
    Each hand means your measurement,
    So here it is measured from here to there.
15 One, two, three, for example, from the middle, here is our middle.
    We assume, that…and it is measured this way.
    One, two, three, four measured lengths of the finger.
    Here, of course, it was worked on from the back side,
    it was not left in the hair, it was worked on.
20 This is a tremendous work,
    a tremendous work for each woman, for each seamstress.
    That you have to bring into the fabrication of furs,
    you have to put in your whole mind and spirit.
    Yes, so much energy.

«Каковы женские руки, какие они ласковые, сильные»
(продолжение)

Это не мужская работа, а женская.
25 Каковы женские руки, какие они ласковые, сильные,
    от этого зависит выделка шкур, вот насколько она выделывается.
    Она на ощупь мягкая, но бывает и пожёстче.
    Неумехи делают пожёстче, выделывают.
    Самое тяжелое – это выделать шкуру оленя до такой степени,
30 чтобы она была мягкая полностью,
    чтобы ни с этой, ни с другой стороны не было и шерстинки.
    Вот это самая огромная работа.
    Для выделки шкур надо выбирать
    шкуру оленя того или иного сезона.
35 Чтобы выделать до такой степени шкуру.
    Надо выбирать шкуру
    январскую – февральскую, большую шкуру оленя.
    Вот это белка…рыжая белка.
    Вот это…соболь…соболь. Вот это соболь…правильно.
40 А вот это уже серо…примесь белки.
    Серая, сверху рыжеватая. То есть выцвела, выцвела белочка.
    Вот это соболь, а это – заяц. Вот заяц.
    То есть, помимо оленьих шкур,
    на костюм пришиваются меха и других животных:
45 соболей, белок, собачек можно,
    кроликов, зайцев…с краю, здесь можно собачью, и на рукава,
      и на воротниках,
    но это уже на мужских костюмах собачья шерсть,
    хотя это тоже собачья шерсть преобладает у нас.

This is not men's, but women's work.
25 What female hands, how gentle and strong they are,
the fabrication of the furs depends on them, how many she makes.
It (the fur) feels soft, but at the same time it is firm.
Those who are not capable make it hard.
The most difficult part is to work up the fur in such a way
30 that it becomes completely soft,
so that there are no hairs from this or the other side.
This is the most tremendous work.
For the preparation of furs you must take
reindeer fur from one or the other season.
35 In order to process the fur in such a way,
you have to choose fur from a certain season,
from a big reindeer (slaughtered) in January or February.
This is squirrel, a reddish squirrel.
This is sable, sable. This is sable,
40 And this is grey…application from sable.
Grey, from above it is reddish. Faded, faded squirrel.
This is sable, and this – hare. This is hare.
This is, apart from reindeer furs
also the fur of other animals is embroidered on the coat:
45 sable, squirrel, possibly dogs,
and on the sleeve and the collar
there is already dog hair on the men's coats,
though we also use dog hair.

Lomovtseva,
Maia Petrovna

Esso, 14.08.2000

**Ломовцева,
Майа Петровна**

«Одевались так по-эвенски»
М. П. Ломовцева, с. Эссо, 14.08.2000

ELC3-02_4.2   ‖ 1 › 5:02 ‖ 5 › 5:18 ‖ 10 › 5:40 ‖ 15 › 6:04

1   Эрэк мундэчич аӈанныву,
    көӈгэкэв, оратты көӈгэкэвэн.
    Аши, аши ойган,
    анилалдывӈан, авашки-да урми,
5   праздниктаки-да, өлнэми-дэ авашки-да,
    ӈиеткит-кэ өлнэмэччөттэ-ккэ,
    авашки-да өррөттэ тэгэтки,
    гаватта нян нодутқан, анӈамтал.
    Би аӈанныв ораттыв ашив ойган, анӈамтав.
10 Тэткэрэ, тэтуччөттэ эррочиныч
    көӈгэкэдь, гөвэттэ «көӈгэкэ» – ою.
    Тытэльгэл тэтуччөттэ эрэгэр нылькы-дэ, боланиду-да тэтуччөттэ,
    анилаватта, авашки-да урми.
    Нян аӈанадилми-ши,
15 чэлэвэркэнэ дюлле уӈӈөттэкэнэ эр-кэ
    буюлдивӈэвэр ишу,
    ишу гаватта, онӈачан ишшон,
    энэшмич гөвэттытэн.

150

"So they dressed in the Even way"
M.P. Lomovtseva, Esso, 14.08.2000

1 That I sew in our way,
the outer women's clothes from suede leather, the Even clothing.
Women's clothing
as a gift, to go somewhere,
5 for example for a festival, or when you are visiting somewhere,
when you visit somebody, for example.
When they travel somewhere far,
they wear only beautiful, new (clothes).
I have sewn new Even clothes.
10 They put them on, walk with them,
the outer clothes for women they call *koengeke*.
In olden times, they always wore them, and in spring and in the fall they wore them,
and they prepared them as a gift, when they traveled somewhere.
When they began to sew,
15 they first made everything like this here,
skin from wild reindeer,
they took the skin, the skin of a reindeer fawn,
pizhik they called it.

---

1 Вот эту по-нашему я сшила,
верхнюю женскую одежду из ровдуги, эвенскую одежду.
Женская, одежда для женщины,
для подарка, куда-нибудь пойти,
5 например на праздник, или в гости куда-нибудь,
к кому-то, например, приезжают в гости,
куда-то уезжают далеко,
берут с собой только красивое, новое.
Я сшила эвенскую женскую одежду, новую.
10 Надевают, ходят в такой
верхней женской одежде, называют «кӧӈгэкэ» – одежду.
В старину носили всегда и весной, и осенью носили,
готовили для подарка, куда-нибудь когда выезжали.
Когда начинали шить,
15 всё сначала делали вот это,
шкуру дикого оленя,
шкуру брали, шкуру телёнка оленя,
пыжиком называли.

«Одевались так по-эвенски»
(продолжение)

ELC3-02_4.2 ‖ 20 › 6:21 ‖ 25 › 6:39 ‖ 30 › 07:09 ‖ 35 › 7:24

Энэшми аймака-а-нь қочайётта,
20 энтэкэемэкэ-э-н, уӈ тэмбэкэн оқан,
эртэки-дэ монӈаниқан.
Чэлэвэн уқал уӈнидюр, нян оддыдюр қочайривур чэлэвэн,
нян дуктурудиллөттэ дуктыч.
Мут дуктыӈдит-кэ, он-қа гөвэттэ.
25 Дулгэту-ккэ уӈчэдюр-кэ, дулгэткэл уӈӈон уртаван гаватта уӈгаку,
эр-кэ нылкы-дэ гаватта, табч боланыду-да,
мөнтэлсэ одиллақан.
Тарақам оя бидин уӈэн дылгышн, дылгышн, дылгышн.
Тар нян чэлэндевэн уӈдиркэнэ,
30 эрэвнун ишшон оддиры-ши унӈивур эчин,
он-қа гөвэттэ, дуктуруривур.
Көеттыдюр аймақань.
Адыракан-да дуктурувэттэ,
иллақан-да, дюллэкэнэ энтэкэе улақчашуқан,
35 энтэкэе уӈнөттэ, дуктурувэттэ.
Нян нэвэттэ, олгашандан
Көечидиллэ нян тыминдавур,
көетчир эчин, айлун бидин,

152

They scrape the *pizhik* well,
20 strongly, strongly, until it is getting soft,
And to all sides they scrunch it with their hands.
When everything is done, they finish scraping their skin,
they begin to dye it with color from alder bark.
(with) our color, as they say.
25 When they make the color, they take alder bark.
They collect it in spring, then in the second half of autumn,
yes, already when the first half of autumn sets in.
Then there are many supplies, supplies of alder bark.
Now, when they make everything,
30 they completely finish the work with this skin,
how they say, dye it with alder bark.
They watch it closely.
They dye it several times,
perhaps three times, first they soak the skin in the dye,
35 they make a lot of it, the dye.
Then they lay it out so that it dries.
They begin to watch it immediately the next morning,
they look to see that it turns out well,

Пыжик хорошенько скоблят,
20 сильно-сильно, мягким пока не станет,
и со всех сторон его мнут руками.
Всё уже сделав, закончив скоблить всю шкуру,
начинают её окрашивать краской из коры ольхи.
Нашей краской, как говорят.
25 Вот краску когда делают, ольховую кору берут,
вот весной собирают, потом во второй половине осени,
да, еще когда первая половина осени наступает.
Тогда много будет запасов, запасов, запасов коры ольхи.
Теперь, когда всё сделают,
30 с этой шкурой полностью закончат работу,
как говорят, окрашивать краской ольховой.
Осматривают её внимательно.
Несколько раз окрашивают,
можно три раза, сначала сильно пропитывают,
35 обильно делают, окрашивают.
Затем кладут, чтобы просохла.
Начинают осматривать сразу назавтра,
смотрят вот так, лишь бы хорошая была,

«Одевались так по-эвенски»
(продолжение)

көетчир иррочини уӈэн ашун уӈэн,
40 он-ӄа одын.
Если нод, мулэти,
унэшшукэн, мулэти бидэн,
нян уӈшукэныч нянда уӈнэ,
нянда дуктурурэ-дэ, нянда нэд.
45 Нян тымин көечидиллэ,
уӈнэкэн олгашнан, нян эчин гильдутникэн, көечишнөттэ.
Нян тар көеттыдюр аймаӄань эчин уӈӈон дуктуручэвэ-ши,
иливвөттэ,
иливөттэ дуктурудилләттэ,
50 энтэкэемэкэ-эн уже илиӈыч, илиӈшукэн бидэн.
Тараӄам нян аймаканы-ши олгадины-ши,
олгаракангал, ай бидин тар.
ай, ай уӈданы-ши орданы-ши илӄан дуктэӈэт.
Нян эртэки тымин көечидилли,
55 Ай, умэкич нод одни,
мулэтэ-э умэкичи-ши оваттан дуктэ.
Нян уӈшукэн бидэн,
эртэки эр-кэ гильлельдэн, гильлельдэн,

154

They watch the stages of the dyeing to see
40 which color comes out from the dye.
If it is beautiful, reddish,
(in need of) still some more color so that it turns red,
they add some more.
Again they dye, and again they lay it out.
45 The next day they look at it,
when the fur has slightly dried, they stretch it like this here, they watch it.
After they have watched it closely,
they begin for a third time,
a third time they dye the skin.
50 (They use) a lot of color so that the color will be more intense.
Then the skin must be well dried.
When it dries, the staining will be good.
They dye the skin three times,
(that is) good that the color will bond well.
55 All sides will be watched the next morning,
Again, they begin to cut this way.
Good, it turns out very good,
the color turns a strong red from the alder.

посмотрят какая у неё степень окрашивания,
40 каким стал цвет окраски.
Если красивый, красноватый,
ещё немного краски, чтобы красный стал,
понемногу снова добавляют,
снова окрашивают, опять положат.
45 На следующий день начинают осматривать,
когда шкура немного просохнет, вот так растягивая, осматривают.
Осмотрев внимательно окрашивание,
начинают в третий раз,
в третий раз окрашивать шкуру,
50 очень обильно краской, чтобы ярче цвет был.
Потом шкура должна хорошо просохнуть,
когда просохнет, хорошей будет окраска.
Трижды окрашивают шкуру,
хорошо, хорошо, чтобы прочно пристала краска.
55 Все стороны назавтра осматривают,
опять, чтобы начать кроить вот так.
Хорошая, очень красивая становится,
ярко-красной становится краска из ольхи.

«Одевались так по-эвенски»
(продолжение)

ELC3-02_4.2 ‖ 60 › 8:53 ‖ 65 › 9:14 ‖ 70 › 09:39 ‖ 75 › 9:52

уӈдюр уӈӈөттэ будыльдюр-кэ,
60 эчин уӈӈөттэ экиввэттэ.
Эр гильдэтникэн уӈтэкин тэринтэкин,
уӈур дяватниӄар,
ишуӈур дяватниӄар дуктуруддывур,
дюллэ нян ангал ашал.
65 Эррөн-кэ эр-кэ нодыӄалбан дюллэкэнэ
нодыӄалба аӈаныддыӄатан, ай-та-да бивэттэн.
Бигэл эчинкэнэ дюллэ гирриву мэндуликэнэ, тараӄам уӈныву эчин
    көеттыву мэндэтчи,
ады элэ бидин, ады тала бидин,
уӈ эрэчэву эрэк-тэ уповаву.
70 Талит нян гирниӄан,
эчин уӈниву тэринтэки илькэттыву,
тэрымкэниву,
нян тар гунэм, тыккэль эрэвкэнэ уӈдаку
эррон уӈэдилливу-ши нодыӄаван.
75 Мулэтыӈгэй, эррочич мулэнеӈушины-ши,
он-ӄа гөвэттэ-ккэ,
мулэнев эрэв, эшинни дёӈчиры?
Омӈарам тыктэкэн, дыллаву уӈыддын,

156

That the skin becomes even,
60 all sides must be stretched, evened out.
They make it with their legs, they step here like this
and stretch it in all directions,
while one is holding it,
while one holds the dyed hide.
65 First, some women (make) these adornments for themselves.
When they first sew the ornaments, it is good.
But first I cut it for myself, then I look around,
how much will be here, and how much will be there,
to sew this coat.
70 I cut according to this marker,
I made it to both sides of the measurement,
I compared them with each other,
then I said, now I will make two coats,
and I started at once to sew the ornamentation.
75 Small pieces of skin from a reindeer fawn, with these pieces,
how are they called,
this skin, you don't remember?
I've forgotten now, it's buzzing around in my head,

Чтобы шкура стала ровной,
60 все стороны должны быть растянуты, выровнены.
Делают это ногами, вот так вот топчут,
и растягивают во все стороны,
за неё держась,
за шкуру свою держась окрашенную.
65 Сначала некоторые женщины для себя эти украшения.
Сначала украшения когда шьют, тоже хорошо бывает.
А я вот сначала кроила на себе, потом осматривала себя вокруг,
сколько здесь будет, сколько там будет,
чтобы сшить вот этот подол.
70 По этим меткам выкраивая,
я сделала в обе стороны измерения,
сравнила их между собой,
потом сказала, сейчас пока сделаю
для подола, стала вообщем шить украшения.
75 Кусочки от шкурки оленёнка, такими кусочками,
как же её называют,
шкурку эту, ты не помнишь?
Забыла теперь вот, в голове вертится,

«Одевались так по-эвенски»
(продолжение)

ELC3-02_4.2 ‖ 80 › 10:17 ‖ 85 › 10:35 ‖ 90 › 10:55 ‖ 95 › 11:19

чаш дёӈдим нян гундим.
80 Мулунев эррон нян эчин илкэттыдюртэ-дэ уӈӈөттэ,
оран уӈдут-тэ уӈӈөттэ,
мунрукан-да уӈӈон эр-кэ,
уӈдукун атыллыдюр, будылдук атыллыдюр,
уӈӈөттэ умиччөттэ-дэ краскала,
85 ан-да умиччөттэ дуктулду, уӈнэн дуктэлэ,
ан-да тэвтэлэ умиччөттэ, тэвтэ уӈнаннан.
Нод тогда бидин уӈнан-ка брусника-кка,
онкана гэрбэнкэнэ?
Ашапар, «имтэ» – гэрбэн, иӈэ, имтэ,
90 имтэ уӈнан,
имтэнун амныдюр, уӈӈөттэ.
Нян тар уӈӈөттэ эрэв-кэ уповаван тульдир,
нян эрэв уӈӈон эрэчэвэн илӄан нишавчаван.
Нишавчанталган бивэттэн, он-ка гөвэттэ-ккэ,
95 ашун-ӄа ӈалан эр аши,
ашун уӈчэнни-ккэ, эчин нян илькэвэттэ
нян тардыван-да уӈӈөттэ.
Эюмкушукэн бидэн көӈгэкэ,

now I remember and I will tell you.
80 From the skin of a one-year-old reindeer fawn they take the measurements,
from the reindeer they make it,
these are from hare,
they are taken from them, they are taken from their paws.
They soak them with color,
85 some soak them with alder, with the color from alder,
Others soak them with berries, with the sap of berries.
A beautiful color comes out then from cranberry sap.
what is its name?
I don't know, *imte* they called it, yes, *imte*,
90 in cranberry sap,
the dye is mixed with cranberry.
Then they make, they insert in this coat.
Then this coat is completely embroidered with beads.
It is an embroidery, as they say,
95 with the width of the palm of the hand of a woman,
which (size of the) palm she has, so they measure
the width of the embroidery and they make it.
The woman's dress should be light,

сейчас вспомню и скажу.
80 Из шкурки годовалого оленёнка измерив делают,
из оленьих делают,
из заячьих этих вот,
с этих сняв, с лапок шкурки сняв,
замачивают в краске,
85 некоторые замачивают в ольхе, в краске из ольхи,
другие в ягоде замачивают, в ягодном соке.
Красивый тогда цвет будет от сока брусники,
какое же у неё название?
Не знаю, «имтэ» называли, да, «имтэ»,
90 в брусничной краске,
с брусникой смешав, окрашивают.
Затем делают, вот этот подол вставляют,
потом эту вышивку полностью вышитую бисером.
Вышивка бывает, как же говорят,
95 шириной с ладонь женщины,
какая у неё ладонь, вот так вот измеряют
такую ширину вышивки и делают.
Легенькой должна быть женская одежда,

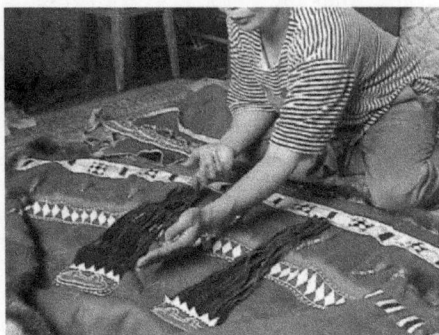

«Одевались так по-эвенски»
(продолжение)

ELC3-02_4.2 ‖ 100 › 11:38 ‖ 105 › 11:54 ‖ 110 › 12:14 ‖115 › 12:39

кӧӈгэкэг бидэн, ваще эюмкун, эюмкун тытэдук.

100 Ан-да кӧӈгэкэв эчин иӄут уӈӈӧттэ.
Мут-кэ мут гирунтэ-ккэ эртэки бивэттэн-кэ эчин эр,
элэ складкав эртэки гидлаватты-ӄӄа,
элэ-дэ эчин бидэн.
Эрэк кӧӈгэкэ уӈун унтыт-тэ тэти,

105 мутта-тыт-та гирчат.
Эрэк «умуруны» гэрбэн.
Умуруны-ши эрэк.
Эчин-кэ аши амардаван кӧеччӧттэ,
кӧеттыдюр, илькэвэттэ, нян дывкин уӈнан,

110 дывкиван эчин онячагчин эртэки аич,
аич уӈдан думаттан, эррочилбу уӈӈӧттэ.
Нян умуруӈгэвэр аӈаннотта, тавнаватта,
элэттэ-дэ уӈчэлэвур нодыӄаӈчалавур, нишавчалавур.
Нишав, нишав-да уӈӈӧттэ-кэ,

115 он-ка гӧвэттэ эрэк, он-ка гуниву?
Ирэпту, гули, тӧрэми омӈанни-ши тэдэ?
Тукрэндэчэ тыӈэндэлэвур-кэ,
элэ мутӈи-ккэ гӧвэттэ «тукрэндэчэ».

the outer woman's clothes (are) from suede (leather),
100 Really light, lighter than all other clothing.
Our cuttings go to the side, so here,
here they go to the fold,
and here it will be like this.
This outer dress is already another piece of clothing,
105 we have cut it ourselves.
This is called *umuruny*.
Umuruny means tassels.
They see here the lower part of the woman's back,
after they have watched it, they take the measurements from the bend of
    the back,
110 the lower part they sketch precisely,
they consider this well, so they make it.
They sew for themselves tassels, they forge small metal plates,
here with adornments, with bead tassels.
They sew on beads,
115 how are they called, as I said?
Since when, tell me, have I forgotten my language?
We have a (band) panel at the breast.
Our people call it *tukrendeche*.

верхняя женская одежда из ровдуги,
100 совсем легкой, легче из всей другой одежды.
Наши ведь выкройки в сторону уходят вот так,
здесь складку сюда выводят,
а здесь вот так будет.
Вот эта верхняя одежда уже другая одежда,
105 мы сами же и кроили.
Вот это «умуруны» называются.
Умуруны – это нашивки.
Вот так вот нижнюю часть спины женщины осматривают,
осмотрев, снимают мерки на изгибе спины,
110 нижнюю часть точно обрисовывают,
над этим хорошо думают, вот такие делают.
Нашивки для себя шьют, бляшки выковывают,
сюда же к украшениям, к вышивке из бисера.
Бисером, бисером также вышивают,
115 как называется это, как я говорила?
С каких это пор, скажи, свой язык ты позабыла?
Вставка на груди бывает у нас,
наши земляки называют её «тукрэндэчэ».

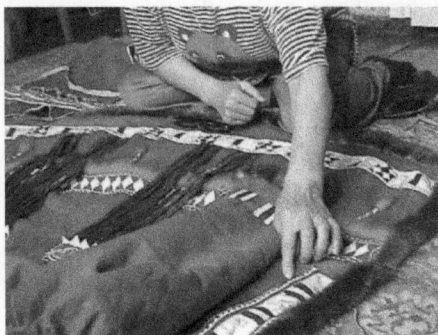

«Одевались так по-эвенски»
(продолжение)

ELC3-02_4.2 ‖ 200 › 12:59 ‖ 205 › 13:19 ‖ 210 › 13:38 ‖ 215 › 13:59

Ан-да кучукэн бивэттэн,
200   уӈэн ниргитыч уӈэн эрчэнни эр,
илюмкун-дэ бивэттэн эррочин эр илюмкукэкэн.
Мутӈигчин уӈэн эчин балдун-ӄа бивэттэн,
эртэки тукрэндэчэ, тукрэндэчэ.
Аван-да эртэки тыван ӄашнотта эртэки эчин,
205   уӈнидюр элэ эрэккэн,
эрэккэн дюпты бидин.
Ан-да эрэккэн нян неккөттэ эррон,
эр уӈӈон мэрур илькэттыдюр.
Нян уӈӈон маӄтаман-да туллыдюр,
210   уӈӈөттэ илюмкун-дэ бивэттэн,
ан-да эгдешукэн маӄтан бивэттэн.
Муттэ-тыт-тэ маӄтанты эр эрэккэндук-ккэ бивэттэн-кэ, он-ӄа гөвэттэ-ккэ,
яӄ өӈлелькэ эччешукэн уӈэлькэн маӄтан бидэн,
тоже уӈ бидэн, онӄана, эччешукэн бидэн, уӈ
215   мирэтэн эччешукэн бидэн эртэки.
Нян тар гөвэттэ, ношуӄан, иллушуӄан бидин.
Орочил тачин тэми тытэль,
тыр маӄтавур аич уӈгэрэллы,

With some it is small,
200 on that here everything is sewed on,
it is light, this one is quite light.
How we have this,
here the panel will be sewed on.
Others put it here,
205 it is made here to this mark,
until that, then there will be a double panel.
Some still make it nowadays,
after they have measured themselves.
Then the collar is sewn on.
210 They make it so that it will be light,
some make the collars bigger for themselves.
Our collars have such measurements, as they say,
that the collar covers a little of the shoulders,
also that it will be rounded,
215 that it covers a little of the shoulders at the sides.
Then they say, it will be beautiful at the same time.
The Evens said so since olden times,
make your collars well,

У некоторых она маленькая бывает,
200 у неё вот здесь все вышивается,
легкая бывает, такая вот лёгенькая.
Как у нас вот здесь бывает,
сюда вшивается вставка, вставка.
А некоторые сюда вставляются вот так,
205 сделав сюда до этой разметки,
до этой, тогда вставка двойная будет.
Некоторые до этих пор делают её,
после того, как себя измерят.
Затем воротник пришивают,
210 делают так, чтобы лёгким он был,
некоторые побольше себе воротники делают.
И наши воротники вот таких размеров бывают, как говорят,
чтобы чуть прикрывал плечи воротник,
тоже чтобы был, как же, закруглённым чтобы был,
215 плечи чтобы чуть прикрывал по сторонам.
Вот тогда говорят, красиво, в самый раз будет.
Эвены так поэтому в старину говорили,
свои воротники хорошо делайте,

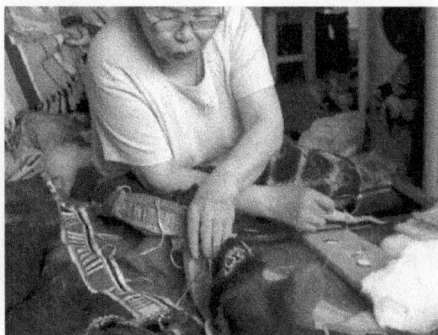

«Одевались так по-эвенски»
(продолжение)

ELC3-02_4.2 ‖ 220 › 14:14 ‖ 225 › 14:39 ‖ 230 › 14:58 ‖ 235 › 15:19

гиркараллы, тулдэвур аймақань.
220 Нян андагал уӈӈөттэ гякитаӈ нодықаш нодыв мақтанур.
Нян уӈнидюр, тар няла, нялатыӈу уӈэдилләттэ.
Чэлэвэн оддыдюр, эрэв-дэ нишавчавбур чэлэвэн,
нэлэкэгур-дэ, нэлэкэгур-дэ туллидюр,
нян няладиллотта эрэк, эр-кэ
225 гэрбэнэ-ши он нялатил,
хэр эртэки, хэр эртэки овқанидюр,
гильдуди бидэн.
Эрэккэл өшшөн, өшшөнгэл эштэн таридит уӈӈөттэ,
орувми, айта-да эшишукэн уӈридюр.
230 Чэлэвэн мудақридюрмақ, эрэв уӈӈөттэ эртэки.
Аӈанавмигал эррочим уӈу көӈгэкэв энэшмидук,
уӈ бидэн, он-қа гөвэттэ, эюмкун бидэн.
Нылкы-ши, он-қа гөвэттэ-ккэ, табч мөнтэлшэ-дэ,
унушшукэн-кэ уӈ бивэттэн нямшуқан бивэттэн,
235 тэми эюмкушукэн бидэн.
Тэтуччөттэ уӈэч ораттыч.
Нян эргит, аӈаннықатан догит,
догиттай аӈаннықатан,

cut so that they are set accurately.
220 And so others did various collars with beautiful ornaments.
When they made them, they sewed borders on them.
When all is finished, all these tassels with beads,
and the apron, the apron you put also,
they begin to insert it,
225 how are these panels called,
they sew it here, they sew it there the other way around
so that it would be stretched.
But this sleeve, they do not make immediately,
later, they'd better work on that later.
230 When all sewing is finished, they sew it on there.
When you sew such clothing from the skin of a reindeer fawn,
it should be, as one says, light.
In spring, they say, already in the first half of autumn
when it is still a little warm,
235 because it should be somewhat light.
So they dressed in the Even way.
Now from here, when they sew from the inner side,
if they sew from the backside,

кроите так, чтобы вставлять аккуратно.
220 А вот другие делали разные с украшенями красивые воротники.
Когда это сделали, теперь оторочку, оторочку пришивают.
Всё закончив, все эти вышивки из бисера,
и нагрудник, нагрудник тоже вставив
начинают оторачивать это, вот
225 как называются эти оторочки,
шьют сюда, шьют туда повернув,
натянуто чтобы было.
А этот рукав, рукав-то не сразу делают,
позже, лучше им заняться немного позже.
230 Всё шитьё закончив, его пришивают сюда.
Когда шьешь такую одежду из пыжика,
она должна быть, как говорится, легкой.
Весной, говорят, еще в первую половину осени,
когда немного еще тепло бывает,
235 поэтому легонькой она должна быть.
Одевались так по-эвенски.
Теперь отсюда, когда шьют с внутренней стороны,
с изнанки когда шьют,

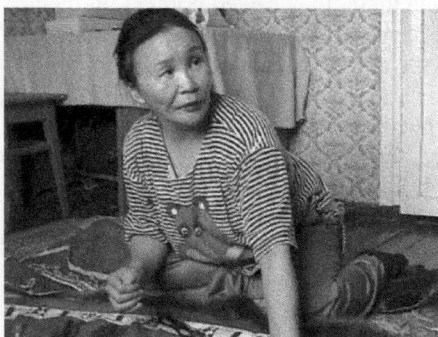

«Одевались так по-эвенски»
(продолжение)

ELC3-02_4.2 ‖ 240 › 15:38 ‖ 245 › 16:06 ‖ 250 › 16:32 ‖ 255 › 16:54

эртэки уӈчэвэнтэкэн уӈнидюр-кэ ишшон эртэки ушышнидюр,
240 иӈшукэн илюмкун уӈэн бидэн.
Нян тар табач, элэ уӈлэ өшлэ эштэн-тэ-дэ эгдем нишав уӈӈөттэ,
эюмкун бидэн, эчин ӈалу-ҟҟа уӈӈөттэ давшаватта-ҟҟа,
эдэн оит энтэкэе ургэ, эдэн ургэ биш.
Табч элэ уповавур эчин-тэ-дэ уӈӈөттэ, он-ҟа гөвэттэ,
245 эюмкушукэн-тэ-дэ бидэн, эштэн тэми нишав эрэк
ойлешукэн тулөттэ, ойле, ойле, эр эрдэштулэ.
Яҟ илҟан подол уӈнэн эрдэле бидэн уӈнин упован.
Аич гирҟаралла, орочил чаҟтил-ҟа бивэттэ, ашалтан.
Өлитэмилчидэвур-дэ, мөлимильчидэвур-дэ,
250 уӈ-дэ уркэмэчилшидэвур-дэ.
Нян тарта-ши няна.
Эрэв нодыҟав горо-о аӈаныддётта экиттэ-ти-ттэ.
уртэтич аӈаннотта-ши ниргитыч, ниргитыч
балдун аӈаннотта мутӈил орочил.
255 Тарав гөвэттэ, аваил ашал бивэттэ, ниргитыч аӈанныл.
Көевэттэ, иррөчин-кэ бивэттэн уӈэ аши,
тараҟ-та авай бидэн гөвэттэ, ӈын аши, ӈын аши,
тараҟ Вэвэ-ши, экэнни бичэ, гөвэттэн, авла атыҟан бишин,

166

they only sew there, when the hairs are cut off from the fur,

240 So that it is easier to be sewn.
Well, now, here on the sleeve they never use many beads,
so that they would feel light when they swing their arms
so that you don't feel heaviness, so that it won't be heavy when swaying.
Then they also embroider the coattail here, as you say,

245 so that it would be lighter, therefore the embroidery from beads
they put higher up, higher, here at his place.
In fact, they sew on the coattail just from this side.
You have to cut well, Even women are agile with that.
So that they can cook something quickly, or go haul water,

250 and also manage to run and check the snares.
That's how it was.
This ornament they prepare for a long time, very long.
They embroider it with all the intricacies of using reindeer neck hair,
the hair with which our Evens embroider.

255 They say that only real seamstresses (can) embroider with this hair.
They watched how a woman presents herself,
and wished her mastery and artistry.
So it was – Veve, my late aunt, she said that there was (such) an elder woman,

---

здесь только шьют, когда со шкуры шерсть сострижена,

240 чтобы она стала легче шиться.
Ну а теперь, здесь на рукаве никогда много бисера не используют,
легкими чтобы были, ведь когда взмахивают руками
чтобы не чувствовать тяжести, не было тяжести при взмахах.
Затем здесь, подол также вышивают, как говорится,

245 легче чтобы был, поэтому вышивку из бисера
повыше вставляют, выше, выше, вот на этом месте.
По-настоящему подол именно с этой стороны пришивают.
Надо хорошо кроить, эвенские женщины проворные бывают.
И быстро что-нибудь сварить, и сбегать за водой,

250 и даже успеть сбегать проверить петли.
Вот и всё, так было.
Это украшение очень долго готовят, очень долго.
со сложностями вышивают подшейным волосом, подшейным
волосом когда-то вышивали наши эвенки.

255 Говорили, только настоящие мастерицы шьющие таким волосом.
Наблюдали, что представляет из себя женщина,
желали ей мастерства, мастерица, искусница,
такая была - Вэвэ, тетя-покойница, говорила, жила одна старушка,

«Одевались так по-эвенски»
(продолжение)

ELC3-02_4.2 ‖ 260 › 17:22 ‖ 265 › 17:41 ‖ 270 › 18:12 ‖ 275 › 18:43

таран уҥ бишин, ҥэнэ бишин, экму төрэддёттэн.
260 Нян тар уҥнидюр оддыдюры-ши,
нян хилыҥгэвур аҥатыдиллотта.
Ныл бидэн уҥшукэн бидэн гөвэттэ, эюмшукэкэн-тэ-дэ бидэн.
уҥэтэн эдэтэн уҥ гирнаваттил,
аич гирнаваттиватан,
265 ан-да хояв чого-о туллөттэ хояв.
Элэгэл нылыв нылугэл уҥҥөттэ нодынаватта эчин-дэ
ивлачач, эрэв ивлачач амыч уҥҥөттэ эчин ниргитыч
уҥнидюр гиррыдюр, нян аҥанҡатта, аван-да аҥаннотта,
аван-да эштэн. Эрэккэль амаҥатан уҥчэ-ккэ бивэттэн
270 мутҥи-ккэ «кэкуе», муттэ-тит-тэ гэрбэн «кэкуй»,
эрэк уҥъекэн-кэ…аҥныл гөвэттэ «кэкуй».
Ҥи бидэй тэк нючидиллотам, ашапар.
Аҥныл гөвэттэ кэкуй бидэн, уҥчэдюр мэркэр эшишэндюр,
дуктурэричэвэн гөвэттэ кэкуич. Як дуктэдук неккөттэ,
275 эрэв-кэ өҥкэкэн, он-ка гөвэттэ, дуручөттэ мөлэ өҥкэльбэдэн,
уҥу оратыв, оратнананарба уҥҥөттэ эчин улнуватта уҥ бидэн,

168

she was a well-known craftswoman, my mother has also told me about
    her.
260 Now everything is prepared, the embroidery is finished,
    they take it upon themselves to sew small pockets.
    The apron should be, as they say, very light,
    so that it does not hinder you when you are walking,
    so that you can easily move on your way.
265 Some sewed on many small bells, many of them.
    Here is an apron, an apron that they embroider painstakingly with small
      pieces of skins
    ivlachach, these skins they set in and they embroider with reindeer neck
      hair,
    first they cut, then they sew, sew a part.
    And (from) this sap a compound is made,
270 in our language *kekue*, we call it *kekui*,
    however it might be named, our ancestors called it *kekui*.
    How to translate it into Russian, I don't know.
    Our ancestors said that there was kekui, they smeared it themselves,
    they said that they dyed with *kekui*. This they did not prepare from alder,
275 it was poured, how shall I say, they heated it so that it dripped into the
      water,
    these plants and herbs that they used, they mixed them

    она была великая мастерица, мама мне тоже о ней рассказывала.
260 Теперь всё приготовив, закончив украшение,
    берутся шить и вышивать для себя сумочки.
    Фартук должен был быть, говорили, очень легким,
    чтобы не мешало при ходьбе,
    легче тогда двигаться в пути,
265 некоторые много пришивали колокольчиков, много.
    Здесь фартук, фартук-то старательно украшают кусочками меха
    «ивлачач», этот мех вставляют, оленьим волосом вышивают,
    сначала выкроив, потом шьют, часть шьют,
    а часть нет. А этот отвар, смесь бывает
270 по-нашему «кэкуе», мы называем «кэкуй»,
    это ведь как называется…предки называли «кэкуй».
    Кто я такая, чтобы переводить на русский язык, не знаю.
    Наши предки говорили чтобы был кэкуй, сами намазывали,
    окрашено говорили кэкуем. Это не из ольхи краску готовили,
275 это сливалось, как бы сказать, поджигали, чтобы в воду капало,
    это растение, травинки используют, замешивают,

«Одевались так по-эвенски»
(продолжение)

ELCЗ-02_4.2 ‖280 › 19:16 ‖285 › 19:35 ‖290 › 20:01 ‖295 › 20:31

аӈны одан.
Аӈны уӈшукэн бидэн, он-ҟана гөндим-кэнэ,
көеттыдюр эчин проверяйридюр, коетчир, он аӈна энтэкэе,
280 эчин уӈэльдэн, ӈалла көетчөттэ эчин.
Нян тар дуруттыдюр,
оддыдюр, нян уӈӈөттэ
бомбав өлеттыдюр, тар уталла-ҟҟа бивэттэн,
тар олла уталлаван өлетчөттэ-ккэ,
285 нян эчин эшивэттэ, тарав уӈэӈнидюр уӈнэ бомбаӈандялавур,
нян эчин дуктурувэттэ тарав ишэӈур амаӈур,
нян эррочин оваттан нян аӈны.
Аӈны унэт уӈдэн гиллелельдэн,
нодшуҟан бидэн, глянец. Уӈӈөттэ эшишнөттэ ойгич уӈэч
290 эр-кэ болгит чуштин, нян эчинэ аймаҟань эшишиндин,
уӈ бивэттэн өшэми гиллельнөттэн эчин, эррочин
гильдэне бидэн, нод.
Эрэк муттэ-тит эрэв гөвэттэ
унтэ-дэ уӈу эрэв гөвэттэ эрэк уӈ эртэки эдэтэн аич
295 ҟараӈчир, ҟараӈчиривур эдэтэн уӈнэ ойра, ойра ашив.

170

so that a unique compound resulted.
The compound should be, how shall I say,
observed, examined, and they saw what compound resulted,
280 how it turned out, they dripped it on their hand and examined it.
Then, when they finished the burning of the plant,
they went on with the their further preparations.
They cook a pellet (for which) they use fish fat,
they prepare the fish fat
285 and begin to smear with the pellet of prepared glue,
and then they smear their hide with the compound,
after it had turned out like this.
But it is also necessary that the compound will shine more,
that it will become more beautiful, at a glance. They smear on top.
290 From the pine they get a sap, then they have to smear accurately,
and it comes out a shining, opalescent color,
it should be a color like this, beautiful.
About this we say among ourselves,
yes, and also others confirm it, that it is forbidden to look at it,
295 you must not stare, in order not to cast a spell on the woman with your
      eyes.

чтобы стала смесь единообразная.
Смесь должна быть, как же сказать,
осмотрев, вот так проверяя, увидят, какая смесь получилась,
280 какая она стала, на руку капают и проверяют.
Затем закончив жечь растения,
продолжают дальше готовить,
бомбу отваривают; рыбий жир начинают использовать,
рыбий жир приготовив,
285 начинают смазывать этим приготовленным клеем весь этот шар,
ну а потом намазывают свою шкуру смесью,
такой вот становится эта смесь.
Но еще, надо чтобы эта смесь более заблестела,
красивее стала, как глянец. Смазывают сверху этим
290 у кедрача сок бывает, затем аккуратно намазать надо,
получается сверкающий переливающийся цвет, вот такой
цвет должен быть, красивый.
Об этом и у нас говорят,
да и другие тоже подтверждают, на это запрещено смотреть,
295 нельзя таращить глаза, чтобы не сглазить женщину.

«Одевались так по-эвенски»
(продолжение)

ELC3-02_4.2 ‖ 300 › 21:04 ‖ 305 › 21:33 ‖ 310 › 21:58

Эр-дэ чэлэди эртэки уӈӈөттэ оруватта эртэки нодыӄанӄар.
Уӈридюр-кэ эйду нодыӄав эррочин-кэ бивэттэн мут-тэ-чин
очин оративӈул. Онятыӈан гөвэттэ «нишавча», «будэлэгчэ»,
«будэлэгчэ» ӈэнэддин эртэки, көенни?
300 Муттулэ эрэдиллөттэ-ши, уӈэӈэтэн бивэттэн чуритаӈатан,
ниша көчукэн, ан-да эгден.
Мутӈи бивэттэн уӈэ эррочин чулбани, мулэнэ, нёбати.
Анӈан, табч уӈ-кэ дуктуручэ-ккэ урэчин бивэттэн,
эррочин уӈшукэн иӈаня, иӈаня бидэн,
305 ан-да бивэттэн чулбаня эррочинни чулбаня, чулбаня урэчинни,
мулэнэ-дэ.
Ичувэттэнэ-ши эрэк нулгэддытэн эркэры, эрэвгэл илэ аӈнил бидин,
эрэл будылнюн оралнюн, нулгэтнюл бидэн,
оралба ильбэтниттэл бидэн, ильбэттигэтил.
310 Он-ӄа ильбэддэ, он-ӄа уӈэддэ нулгэддэ, тарав эйду,
эйду ичудэн гөвэттэ.
Эрэккэл ӄалба.
мутӈимӈэл ӄалбавачотта, антаӄан тар ӄалбаватчотта.

172

All this is inserted here, on this side of her ornament
All ornaments are made in our, the Even, way.
The drawing is called *nishavcha*, embroidered with beads, *budelegche*,
budelegche, reindeer legs that are sewn on there are shown, you see?
300 When they begin the embroidery, they have their own beads,
small beads and some are bigger.
We have blue ones, red, white,
grey, similar to the color of dyed alder,
such brown ones.
305 And others are green, green as the leaves,
and red ones.
The ornament shows how people migrate, our ancestors,
together with their colored reindeer,
it is shown how they lead the reindeer with them, like a caravan of
reindeer.
310 How they drive them, how they migrate,
all this has to be shown in the ornament, as they say.
And this belt here.
Earlier our people rarely used belts, only a few people wore the coats
with belts.

Всё это сюда вставляют, в эту сторону свои украшения.
Подготовив все украшения, так вот бывает по-нашему, по-эвенский.
Рисунок называют «нишавча» – вышитый бисером, «будэлэгчэ»,
«будэлэгчэ» вышитые ноги оленей показаны здесь, ты видишь?
300 Когда наши начинают вышивать, у них есть свои бусы,
бисер мелкий, некоторые большие.
У нас бывают голубые, красные, белые,
серые, похожие цветом на крашенную ольху,
такие коричневые, коричневые.
305 А другие бывают зелеными, такими зелеными, как зелень,
и красные.
На узоре изображено как кочуют, вот же, это наши предки,
вместе с пестрыми оленями, кочующие, как-будто
оленей ведут за собой изображено, ведущие караван оленей.
310 Как перегоняют, как кочуют, всё это,
всё должно показано на узоре, так говорят.
Ну а это ремень.
Раньше наши не слишком использовали ремни, только редкие
люди ими подпоясывались.

«Одевались так по-эвенски»
(*продолжение*)

Эчин ат қалбавачотта.

315 Тик-мэ аӈанқачиллитан қалбавур амарлашуқан.
Нод бидэн эрэк эрипчи, эрипчи эрэк чуритқая умэкич,
тунӈан эрэк бидинэ-ши…челэди эрэв: умэн, дёр, илан, дыгэн,
тунӈан.
Тунӈан-да эрэк эринэк ое бидин, эръекэн умэн, умэн эртэкэннун
умэн, дёр, илан, дыгэн, тунӈан, нюӈэн, надан, дяпкан.

320 Уже эникэн гөн, адыв эрэк адыв-да чашу занимали,
адыв-да инэӈэл эрэк эридекэл, гору бивэттэн,
экичэ гор бивэттэн. Яшалу өшэллөттэн, ниргиту аӈанавми.
Табч нян оддыдюр, көеттэ.
Көеттыву, мутӈил олачиқур,

325 олачиқу аӈанча бимчу, но мутӈил гөнэм нодшуқан ошалдук
бивэттэн.
Нян эр дюллэкэнэ гиррэдюр-қэ, эрэв аӈанылчиватта
эррон чэлэвэн эртэки эчин, нян эшшэвэн тулэдиллэ уӈикэн,
тивэн кабатникан.
Эрэк-тэ чэлэн эртэки бидэн гөвэттэ уӈэн

330 нипкуттэн, уӈэн иманна яқ-та ишэндэн, идин нян,
эртэкиткэн гивэшиндинни, нян нэдинни, эдэн-дэ уӈэ.
Аичгал ороттич, мутӈил эчин некчивэттэ орочил,

In general they went without a belt.

315 Now, they all began to make belts for themselves, late enough.
So that it would be more beautiful: This is an old, a very old chainlet,
there are five of them: one, two, three four, five.
Even five will be many to count, there is one, at the side another,
one, two, three, four, five, six, seven, eight.

320 Can't tell how many hours it takes,
and how many days they embroider, how much time is spent on it,
incredibly long. Your eyes ache when you sew with reindeer neck hair.
Then, when everything is finished, they examine it.
I noticed our summer shoes,

325 I could sew them myself, but ours, I said, (those) from reindeer leg fur
are better.
After they've first been cut, they sew them quickly,
all to here, then they set in the sole,
at this end they bend it down.
And they all say that it has to be so, closed from all sides,

330 no snow, nothing gets inside there, gets in, you only
remove it, turn it down so that nothing happens (to it).
The Evens, we also keep our boots well,

В основном ходили без ремня.

315 Теперь-то все стали изготавливать себе ремни, довольно поздно.
Чтобы было красивее: это старинная, очень старинная бусина,
пусть будет пять…всех их: один, два, три, четыре, пять.
Даже пять для счета много будет, эта одна, в сторонке еще одна,
одна, два, три, четыре, пять, шесть, семь, восемь.

320 Уже и не говори, сколько это сколько часов это занимает,
и сколько дней вышивают, это столько времени уходит,
ужасно долго. Глаза болят, когда шьешь подшейным волосом.
Потом всё закончив, осматривают.
Видела, наши летнюю обувь,

325 могла бы и себе их сшить, но наши, сказала, из камусов лучше.
Сначала вот это выкроив, быстро сшивают,
это всё сюда, затем подошву вставляют,
при этом края подгибают.
И это всё говорят так должно быть, со всех сторон

330 закрытое, ни снег, ничего не попадет во внутрь, попадет,
только отряхнёшь, потом положишь, чтобы ничего не случилось.
Эвены хорошо, наши тоже хорошо содержат обувь,

«Одевались так по-эвенски»
(*продолжение*)

ELC3-02_4.2 ‖ 335 › 24:08 ‖ 340 › 24:28

эртэки овқанидюр, эчин некчивэттэ, эдэн хоибта эчин.
Тар тэттидюр аич гөвэттэ, аит бидэн.
335 Нян гя гөвшунукэннин, дялапкиривул туллөттэ амарламақ.
Мут эрэк уӈэӈөн қалбаӈи-ққа эчив аич тэрэн, қалбаӈи уӈӈон
улбуқа бидэн чичивгал уӈӈөттэ туллидюр гөнни,
ашун-қа гөнэм,
бишөн илюмкун бишинни, чимчи чимчэти бишинни.
340 Тарақ бидин муттэ-тит көчукэрти эгдельтышнөттэ-дэ.
Нян тар, яптақам тэлэӈгэтчим.
Эрэк гэрбэн «унукэ», дёндиддам «унукэ»,
эгдер унукэӈэт эрэк.

176

we turn them inside out, we keep them like that, so that they do not
   deteriorate.
Then they change their shoes and hope that everything will be good.
335 Some immediately remember that the straps were sewn on later.
At the side of the belt, so that the belt was seen,
so that it was even, we insert some embroidery accurately,
in a size as I say,
so that it was seen as light and neat.
340 This seems to be small for us Evens, then they widen it.
Well, what else is there to say?
This is called *unuke*, I remember *unuke*,
this is called *unuke*.

так вот вывернув, так и хранят, чтобы не испортились.
Потом переобуваясь, желают, чтобы всё было хорошо.
335 Некоторые вдруг вспоминают, что завязки пришиваются позже.
Мы у ремня в стороны, чтобы ремень смотрелся,
чтобы ровным был, вышивку вставляем аккуратно,
по размерам говорю,
чтобы смотрелось легким, и нарядным тоже был.
340 Это кажется у наших эвенов маленьким, тогда увеличивают.
Ну что же еще рассказать, о чем еще говорить.
Это называется «унукэ», вспомнила «унукэ»,
«унукэӈэт» называется это.

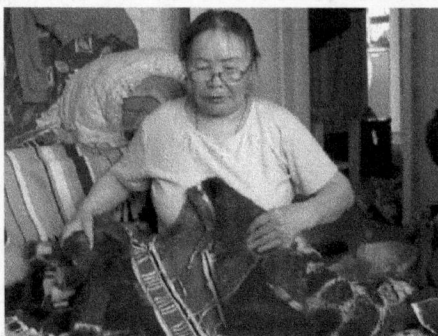

«Мне хотелось повторить покрой отцовской шапки»
М. П. Ломовцева, с. Эссо, 16.04.2014

ELC3-02_4.3 ‖ 1 › 25:00 ‖ 5 › 25:12 ‖ 10 › 25:33 ‖ 15 › 26:02

---

1 Ушэ, эрэк «ушэ»,
   эчин нян ушэн бивэттэн эчин.
   Эрэк эйду кутыш бидин эртэки,
   көешь, эртэки экич гирротта,
5 яҟ эли, эрэккэнду кутыш бидин эр,
   «кутыш» – сплошной,
   нян эрэккэн нян ушкэн уҥнэ
   гирра, өгэр нян, оруватта тачин тар.
   Амардаван эливэн-дэ эртэки уҥҥөттэ эртэки,
10 тэк эчин көеттыдюр уҥэшнэ эливэн чашки тэввөттэ.
   Эрэк мин титэль уҥэшчиденчэв
   аҥанҟачиччав эрэв мин.
   Экму-дэ билли экму бичэ эрэк уҥэн,
   нишамил эрэк бишин эчин.
15 Тачин-та тек гөвэттэ эр-кэ ями,
   нод, нод экич бишин.
   Эрэк эйду эчин уҥкэччэ нялаҟачча
   тачин эр муннуҟан уҥдин-ту оруҟачча,
   он хэлэҥгэй уҥҥөттэ.

178

"I wanted to repeat the application of my father's cap"

M.P. Lomovtseva, Esso, 16.04.2014

1 A rope, that is *ushe*,
   there is such a rope.
   All this will be in the solid sewing,
   you see, in this direction it is not possible to cut,
5 there I don't cut, here they cut in this (direction),
   solid,
   but here, until now to the rope?
   they had cut it out, they raised it, then fixed it.
   The back side they make just so,
10 having now looked (at how) they do it, I just have more to say.
   It is, as I then tried to sew.
   It is mine.
   This is from my late mother,
   former beads.
15 As they say now about this,
   beauty, it was very beautiful.
   With these they do it so, they sewed around
   at the edge of the hare fur, they decorate it,
   to sell it.

---

1 Верёвка, это «ушэ»,
   вот такая верёвочка бывает.
   Это всё будет сплошное шитьё,
   видите, вот сюда невозможно кроют,
5 не по этому краю, до вот этого кроят,
   «кутыш» – сплошной,
   а здесь до вот этих пор до верёвки
   скроили, приподняли, потом закрепляют.
   Заднюю сторону прямо так делают,
10 сейчас посмотрев делают, прямо дальше говорят надо.
   Это то, что я когда-то пыталась сшить,
   это моё.
   Это моей мамы покойницы,
   бывший бисер.
15 Так говорят сейчас про это,
   красота, красиво очень было.
   С этими вот так делают, обшивают
   по краю заячьей шкуркой, украшают,
   для продажи.

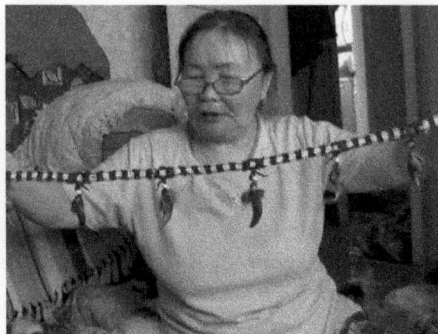

«Мне хотелось повторить покрой отцовской шапки»
(*продолжение*)

ELC3-02_4.3 ‖ 20 › 26:24 ‖ 25 › 26:41 ‖ 30 › 27:06 ‖ 35 › 27:40

20   Эрэккэль ороттич гөвэттэ «көрэкэ» армур,
яҟ-та тэтуччөттэ, бэй-дэ тэтуччөттэн эррочим,
эрэккэль аши аҥанча «көрэкэ» гэрбэн.
Көрэкэ.
Эйду эчин-тэ-дэ уҥэддёттэ эр эчин нодыҟаддётта,
25   нодыҟав гиркэчиддёттэ, нян тулькэччөттэ,
оруҟач оруватта.
Табч, унэт яв гундим?
Эрэк мин аҥанҟачиччав эрэк уҥэн уҥгэн
аман, аман дёҥитчав аман авҥатан,
30   эрэв эгдешукэн уҥдим эртэки, эркэн-гэ унэт уҥдим.
Эрэк уҥ ҟалбаду уҥчэву, ҟалбаду некчэву, ҟалба.
көенни, эгден оштан.
Хэҥундук ҟобалан бивэттэн нюмарду гудейледин.
Нян тар ашапар,
35   тачин-да бивэттэн.

20 And this is called in Even *koereke* – cap,
   they wear it, the people wear such caps,
   but this is a sewn women's cap, *koereke* it is called.
   Koereke – little cap.
   All this they make, decorate,
25 they cut ornaments, then they insert (them),
   they edge them.
   Now, what else should I say?
   This here is my sewing, I wanted to repeat the application and sewing
   of my father's cap, to repeat the form of my father's cap,
30 beauty, it was very beautiful.
   And this I sewed for myself as a belt, and ornaments for the belt, the belt.
   Here is an panel of an ornament from bear claws,
   you see, big claws.
   It's scary, when you decorate with the claws of a poor bear.
35 Of course I don't know,

---

20 А вот это называется по-эвенски «көрэкэ» – шапочка,
   носят, люди носят такую,
   ну а эта сшитая женская шапка, «көрэкэ» называется.
   «Көрэкэ» – малахайчик, шапочка.
   Всё вот так делают, украшают,
25 украшения выкраивают, затем вставляют,
   оторочками оторачивают.
   Теперь что ещё мне сказать?
   Вот это моё шитьё, мне хотелось повторить покрой и шитьё
   отцовской шапки, повторить форму малахая отца,
30 красота, красиво очень было, побольше.
   Вот здесь вставка украшения из медвежьих когтей,
   видишь, большие когти.
   Страшно бывает, когда украшаешь из когтей медведя бедного.
   Не знаю конечно,
35 но так бывает.

«Чтоб было красиво, когда танцуют»
М.П. Ломовцева, с. Эссо, 25.08.2000

ELC3-02_4.4 ‖ 1 › 27:48 ‖ 5 › 28:10 ‖ 10 › 28:24 ‖ 15 › 28:59

1   Эрэк тык эчин упуваӈгай улукэчи тулливу, хаӈанчади.
    чэлэвэн эчин упувавдавар уӈэддёттэ, хаӈанаддётта аймаҡан.
    Нян эрэв эшивэттэ,
    ӈин инӈаттон мулэнеч,
5   аван-да тачин-та улабуҡаватта, анӈана бидэн.
    Нян эрэк «улукэ» гэрбэн,
    эли упував туллӨттэ.
    «Упуван» эрэк гэрбэн бидин.
    Бивэттэн эррочин упуван, нэлли,
10 ороч нэллин, аши орочин нэлли, уӈэн анӈану.
    Хадундагал эрэв улукэӈуру-ши, уӈдук-дэ ай-та-да бивэттэн,
    мулэнелэ тэвтэлэ умичивми интэлэн, уӈдук муннуҡан авгандуҡун.
    Гадыдюр, умичивми айта-да бивэттэн.
    Элэ онакит уӈӈӨттэ упувавгавар нялаватта,
15 ӈинэшэт-тэ, мунӈингэл ӈинэшэт-тэ уӈӈӨттэ,
    орачиӈургал ачча-да бишэкэн.
    Эрэкэ-ши, гӨвэттэ, аши ҡорбаҡаган хаӈаннотта
    онӈачан иштукун, оран онӈачан иштукун.
    Ошалчаман тараватта дюльдэгэр,

"So that it will be beautiful, when they dance"
M.P. Lomotseva, Esso, 25.08.2000

1 Now I did inset the sewn coat panel, already sewn.
The entire panel they make like that, they sew it on accurately.
This they smear,
the dog hide with color from alder,
5 the rest they also smear so that it gets soaked.
This is called *uluke*,
they sew the panel onto this.
Upuvan is the name for the panel of the *kukhlianka*.
There is such a panel, the apron,
10 an Even apron, a woman's Even apron, embroidered.
Sometimes this panel would be good
with red berry, cloud berry sap or with red currant.
After they have been collected, it is also good to smear with the juice.
Here they insert wolverine fur into the panel,
15 or dog (fur), we use dog (fur),
if there is no reindeer fur.
But this, they say, is a woman's cap
from the fur of a reindeer fawn.
The reindeer leg skin is sewn on the front part of the *kukhlianka*.

---

1 Сейчас вот так подол вышитый вставила, уже сшитый.
Весь подол таким делают, пришивают аккуратно.
Вот эту намазывают,
собачью шкуру краской из ольхи,
5 остальное также замачивают, чтобы пропиталось.
Это «улукэ» называется,
к нему подол пришивают.
«Упуван» название подола кухлянки.
Бывает такой подол, нагрудник,
10 эвенский нагрудник, женский эвенский фартук, украшенный.
Иногда этот подол хорошо было бы
в красной ягоде замочить, брусничном соку, или красную смородину.
Собрав, замочить в ней тоже было бы хорошо.
Здесь расомашьей шкурой подол оторачивают,
15 или собачьей, наши-то собачьей делают,
если оленьей шкуры нет.
А это, говорят, женская шапочка
из пыжика, из шкуры теленка оленя.
Камусом обшивают переднюю часть кухлянки,

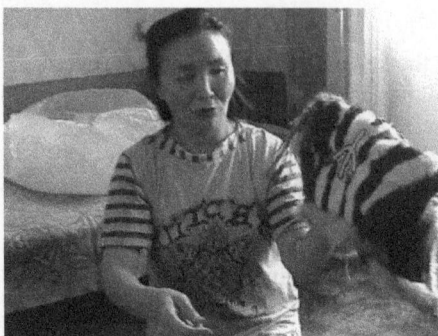

«Чтоб было красиво, когда танцуют»
(*продолжение*)

20 нялаватта улычанат-та,
   яӄ-ка бинни, онаӄиӄан-да бинни, улычан-да,
   ӈэлуки-дэ бишикэн, ят-та уӈӈөттэ.
   Эрэккэль уӈгэн тэтулькэччөттэ эчин нодыӄагар,
   он-ӄа көплэчидиллөттэ – ккэ,
25 эргит-тэ нод бидэн, дюльгит-тэ,
   амаргит-та нод бидэн, уӈэллэкэн-дэ.
   Дылаш-та нод бидэн,
   эчинтэкэн уӈдэн иигрэдэн
   Эрэвгэл уӈчэӈэн нишавашнаву,
30 дагрит уӈ бидэн, чуӄачан-ӄа гагара бивэттэн,
   тараӄ оштамиян уӈӈон удьган,
   уӈни мулэнели тэвтэли гирӄавачичай
   уӈчэгэн осталай хулапчаван, хэшичэгэн.
   Дошки-да дон тачинта-да онӈашта-да,
35 оранта-да онӈашан.
   Нян эюмкун-дэ бидин,
   тэтучивми, эюмкун бивэттэн,
   эшни-дэ ургэ бивэттэ дылла,
   ням-да бидин

20 They can insert fox fur,
   whatever is at hand, wolverine, fox,
   and wolf fur, they insert anything.
   And this they put on the clothing for its beauty,
   when they begin to dance,
25 so that it is seen to be beautiful from the side, and from the front,
   and from the back so that it will be beautiful, when they dance.
   And the head must be beautiful,
   as long as they recognize the adornment.
   This here I sewed from beads for the cap,
30 a little, to show that there was a loon,
   a trace of its claws,
   as it went on red berries
   and has stained the snow with the remains of the sap in its claws.
   Inside the cap is fur from a reindeer fawn,
35 fur from a reindeer fawn.
   The cap will be light,
   when they wear it, it is light,
   not at all heavy on the head,
   and it will be warm.

---

20 могут оторачивать лисьей шкурой,
   что есть под рукой, расомашьей, лисьей,
   и волчьей, чем-нибудь оторачивают.
   А вот это вставляют в одежду для красоты,
   когда начинают танцевать,
25 чтобы красиво смотрелось со стороны, и спереди,
   и сзади чтоб было красиво, когда танцуют.
   И голова красивая должна быть,
   пусть только позванивают украшения.
   Вот это я для шапки вышила бисером,
30 немного, чтобы показать, птичка гагара такая есть,
   след её когтей,
   будто она по красной ягоде ходила
   и испачкала снег остатками сока на когтях.
   Внутри шапки пыжик,
35 шкура теленка оленя.
   Легкая шапка будет,
   когда носят, она легкой бывает,
   совсем не тяжелая на голове,
   и тепло будет.

Узоры
Ornaments

Adukanova,
Evdokiia Grigor'evna

Manych, 21.03.2000

Адуканова, Евдокия Григорьевна

«Вышивание на рыбалке»
Е.Г. Адуканова, Маныч, 14.08.2000

ELC3-02_5.1 ‖ 1 › 00:15

1   Гунэм, яду би эдэй биддэ хаӈанадда, хуклэддыв, тык хуклэшэндэй, ӈинал гогаллақатан, мяллам …

1   I say, instead of occupying myself with sewing, I have been falling asleep until the dogs howled, then I woke up …

---

1   Говорю, вместо того, чтобы заниматься шитьём, разоспалась, когда собаки залаяли, проснулась …

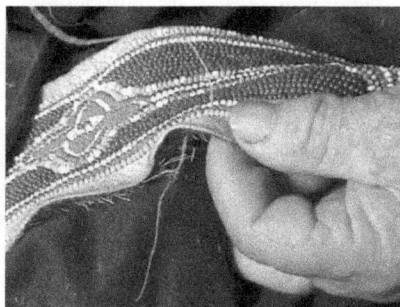

Indanova,
Oktriabrina Nikolaevna

Anavgai, 02.09.2000

**Инданова,
Октябрина Николаевна**

«Так навсегда остаются в памяти узоры»
О. Н. Инданова, с. Анавгай, 02.09.2000

ELC3-02_5.2 ‖ 1 › 2:40 ‖ 5 › 2:57 ‖ 10 › 3:26 ‖ 15 › 3:46

1 Тытэль эчин нишаввотта.
  Эрэгэр хамна бивэттэн эчин:
  чулбаня эрэгэр, чулбаняв неккөттэ,
  хан чэлэди оитан нишаввотта
5 или уӈ эрэк чулбаня хамна булэне, небаты.
  Нан тараӄ атыӄар тачин нишаввотта эрэгэр гякивур,
  нан ӈи-дэ иттэн, ӈи ят тэтуттэн, нодыче нишаввотта.
  Нан тарав тар гадыди, дёӈидиллотта мэнды-ттэ тачин нишавдай,
    гөвэттэ,
  би-дэ тачин нишавдиӈаву, нан тар нод бидин.
10 Нан эрэгэр чидадуннюн тараӄ нишавчатан хөррөтэн,
  тарбат-та нан хөнтэл-дэ чэлэдюр тачин нишавволлотта.
  Нан көетми-ши, ӈи нодыт нишаврин,
  нан би-дэ чаш тачин нишавдаӄу, нан эрроть нишавыддётта.
  Нан би-дэ эр көетчэй
15 тытэль хагдылдула, он нишавра или-ши эрэв он хаӈаныдда,
  көечиддёттэм уӈ хагдылдула.
  Нан тоже дёӈидиллоттам эр.

190

"So the patterns stay forever in the memory"

O.N. Indanova, Anavgai, 02.09.2000

1   Earlier we embroidered beads this way.
    They always use mixed colors:
    always blue, they take green,
    and with some the entire article of clothing is embroidered with blue,
5   mixed with yellow, white beads.
    The elder women embroider the beads always in different ways,
    one recognizes how one is dressed, they endeavor to embroider even more
        beautifully.
    While attaching something in particular, they repeat the patterns in their
        ornaments, (as) they say,
    and I can embroider like this, it turns out just beautiful.
10 So the patterns stay forever in the memory
    so that also other people begin to embroider with beads.
    Of course, one can see who has embroidered beautifully,
    and I also want to embroider, like this here, and they embroidered.
    I watched myself,
15 how earlier elder seamstresses embroidered with beads, how they sewed,
    I watched the adults.
    And then I began to copy them.

---

1   Раньше вот так вышивали бисером.
    Всегда смешанные цвета используют:
    голубой постоянно, зеленый берут,
    у некоторых вся одежда вышита голубым,
5   смешиванным с желтым, белым бисером.
    Старушки вышивают бисером всегда по-разному,
    кто-то увидит, кто как одет, ещё красивее стремятся вышить.
    Приметив что-то особенное, повторяют узоры в своих украшениях,
        говорят,
    и я так могу вышить, только красивее будет.
10 Так навсегда остаются в памяти узоры,
    что другие тоже начинают вышивать бисером.
    Конечно, увидев, кто красиво вышил,
    и я так же захочу вышивать, вот так и вышивали.
    Сама я смотрела,
15 как раньше старые мастерицы вышивали бисером, как шили,
    наблюдала за взрослыми.
    Потом стала повторять за ними.

«Так навсегда остаются в памяти узоры»
(продолжение)

ELC3-02_5.2 ‖ 20 › 4:10 ‖ 25 › 4:44 ‖ 30 › 05:12

Нан тык эрӈив нишавыдиллив нан тачин-тыт-та хагдылгичин.
Тыккэль эррочин эштэн тэтуччөттэ.
20 А тыккэльтэкэн тэтуччөттэ,
а тык би эр мэн уӈ ӄуӈаӈылди хаӈанышчиддам.
Нан уӈу ӄуӈал эрэк нургэнылдэвӈэтэн хаӈаныддыву.
Нан унэт эчу уӈэддэ, нан эчин эли тэк нодыӄай,
Тар ноӈартан нургэми, тэтучилдывӈэтэн хаӈаныддыв.
25 Нан эрэк эр нуубчэ этэн-дэ-тыт улапта и гору-да бидин,
гору ноӈартан нургэдир.
Эрэк эр ниша.
Эрэк тытэль орал нулгэшэл бишэ,
эрэк муӄаллаӄал бишэ,
эр чэлэдюр,
30 эрэк тоже муӄаллаӄа бидэн, эрэк хотаран-да, эрэл-дэ эр, эрэк
орамӈа бидэн,
геки уӈэшчиддыву хаӈаныддыву.

Now I embroider with beads in the way my ancestors did it.
Nowadays they do not wear their clothes.
20 Today they dress differently,
I only try to sew for my children.
Therefore I sewed dance coats for my children not long ago.
I have not yet finished them, I prepared the ornaments.
When they dance, they wear it, for that I will embroider them with this.
25 Smoked leather will not get wet and they can wear it a long time,
they will use the coat a long time for their dances.
These are beads.
Here migrating reindeer are stitched on, these are small hills, all these,
this is also a hill,
30 and this is a trail,
and this is a trail, there a herder is embroidered,
I attempted to embroider various (motifs).

Теперь вышиваю бисером так же, как делали это предки.
В наше время не одевают уже свою одежду.
20 Сейчас одеваются по-другому,
я только для своих детей стараюсь шить.
Из такой танцевальные кухлянки детям я недавно шила.
Ещё не доделала, готовила украшения,
Когда они будут танцевать, наденут, для этого их вышила.
25 Продымлённая шкура не будет промокать и долго будет носиться,
долгое время они будут использовать кухлянки для танцев.
Это бисер.
Здесь вышиты олени кочующие,
это кочки, вот они все, это тоже кочка,
30 а это дорога,
и это дорога, вот пастух вышит,
разное старалась вышивать.

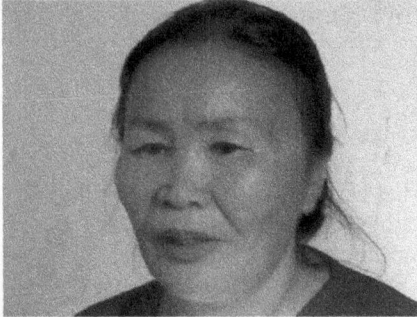

Lomovtseva,
Maia Petrovna

Esso, 16.08.2000

**Ломовцева,
Майа Петровна**

«Она это сама делала вместе с бабушкой»
М. П. Ломовцева, с. Эссо, 16.08.2000

ELC3-02_5.3 ‖ 1 › 5:36 ‖ 5 › 5:50 ‖ 10 › 6:34 ‖ 15 › 7:34

1   Тык хэпкэӈдитӈэнни таравар аймаӄан уӈэддэй,
    ичукэндидгэрэдэку.
    Тэргэшъекэндулэ мэрэкэгдинни, элэ,
    он мут мэрэкэгэддёттэп
5   Тыпки бишни тачин, эчимэкэ-э-н кїеттэй.
    Умэтыльди? Умэн?
    И, умэнтэки тык дагрит
    аӈанашнам, умэтыльдит.
    Уӄал аӈанныш?
10 Эчин хэпкэндинни, вот так вот эчин хэпкэндинни,
    и когда кожала уӈӈочинни чуть-чуть поверху,
    чуть-чуть слегка, кїенни?
    Эгдешукэн эдэн, чтобы, потому что кожа крепкая же
    и вот чтобы эдэн уӈрэ, кїетли, уӈдим.
15 Эрэк аӈаналдывуны-ши бивэттэн,
    тыргышлэ аӈанаддётта, «тыргыш» гэрбэн,
    Анда эррочинни бивэттэ, анда дуктуручэл бивэттэ.
    Нян тараӄ ойлан аймаӄан аӈаныдиллотта унгэвур

"This she has made by herself with her grandmother"
M.P. Lomovtseva, Esso, 16.08.2000

1 Now you take this accurately
so that I can show it then.
On the suede (leather) you make tassels here,
you know, how we always make tassels.
5 The small bag is lying (there), look carefully.
Individually?
Yes, individually now a little
I sew on, then individually.
You have already sewed it on?
10 You will take hold of this so, so you take it,
when you sew on the skin, then a little bit above,
just a little bit, you see?
Bigger, because the skin is strong
so that it succeeds, I'll show you.
15 Such sewing is special.
They sew this on suede (leather), *tyrgysh* they call it.
Some are like this, others are dyed.
On this suede above they begin to sew accurately

---

1 Теперь ты возьмись за неё аккуратно,
чтобы я могла потом показывать.
На замшевой шкурке сделаешь подвески, здесь,
ты знаешь, как мы всегда делаем подвески.
5 Мешочек лежит, посмотри внимательно.
По одной? Одну?
Да, к одной сейчас слегка
пришью, потом по одной.
Уже пришила?
10 Вот так схватишь, вот так возьмешь,
когда на коже шьешь, то чуть-чуть поверху,
чуть-чуть слегка, видишь?
Побольше, чтобы, потому что кожа крепкая,
чтобы получилось, показываю.
15 Такое шитьё специальное бывает,
им по ровдуге шьют, ровдугу замшей ещё называют.
Некоторые вот такие бывают, другие окрашенные.
На этой замше сверху аккуратно начинают вышивать

«Она это сама делала вместе с бабушкой»
(продолжение)

ELC3-02_5.3 ‖ 20 › 8:01 ‖ 25 › 8:22 ‖ 30 › 08:55 ‖ 35 › 9:28

эр-кэ, тык нишавдип мэрэкэгчэ, мэрэты бидэн эр алладин мэрэты,
  кружочками.

20 Дюллэкэнэ таррочим аӈандиш,
няны-ши нян тар гирыддиш.
Тык уӈэдли, кӀетӈэшэн иррочин бидин мулэне-дэ,
эррочин-дэ нёбаты, чулбаня-да.
Илан, илан, илантаӄан расцветач некчим.

25 Аӈаныдли!
Гудейледин авшычанни.
Эрэк ӈи некэтчэн, Тоня?
Тоня эрэк уӈэтчэн, авшан бигрэдэн тартаки.
Табч тарав нян аӈанчай ичукэттыш, ноӈан көерин-дэ?

30 Яв? –Таръяӄам. – Ашапар, эчи.
Тыгли!
Ичукэчидгэр чаш он-ӄа биддётту.
Нуӈ анни? КӀетли!
Это Тоня вышивала,

35 это её вышивка, Тони.
Табч унэт, илэ эрэк?
Эрэк-тэ?
Это её бабушка делала! – Две бабушки.

196

the tassels with beads, round, meticulous small circles.
20 First you will sew on,
and then you will cut further.
Now I begin to sew (on), and you see red,
white and blue-colored beads.
Three, I will apply only three color compositions.
25 Sew!
What a good little bag.
Who has sewn this, Tonia?
Yes, Tonia sewed it, though the bags may bring her to other countries.
And you showed what you have sewed, she saw it?
30 What? – This here. – I don't know, I didn't see.
Sit down!
Let's show how we sew.
You know the seamstress? Look!
Tonia has sewn this,
35 it is her embroidery, by Tonia.
And also here, where is she?
And this is also hers?
This her grandmother had made! – Two grandmothers.

бисером подвески, круглые, аккуратные кружочки.
20 Сначала их вышьете,
а потом уже будете дальше кроить.
Теперь начну вышивать, а вы увидите красный,
белый и голубой цвет бисера.
Три, только три расцветки я буду использовать.
25 Вышивай!
Какая хорошенькая сумочка.
Это кто так сшила, Тоня?
Да, Тоня сшила, пусть сумочки её вывозят за границу.
А ты показывала то, что ты сшила, она видела?
30 Что? – Вон то. – Не знаю, не видела.
Садись!
Давай покажем, как мы живём.
Мастериц знаешь? Посмотри!
Это Тоня вышивала,
35 это её вышивка, Тони.
А вот ещё, где она?
И это тоже её?
Это её бабушка делала! – Две бабушки.

«Она это сама делала вместе с бабушкой»
(*продолжение*)

ELC3-02_5.3 ‖ 40 › 9:47 ‖ 45 › 10:18 ‖ 50 › 10:44 ‖ 55 › 11:13

И, дюр бишитэн бабушкал, нодыч аӈаннын умэкич,
40 айдит, Лидочка?
Тавр яла баӄришы-на нодыкчэ-э?
Они вместе с бабушкой наряжали вот этот вот в прошлом году на
    фестиваль.
Тоня с бабушкой шили.
Нодыкке-е, нюмар-да.
45 Это тоже Тоня вышивала. – Би эрэв некэддыву,
начала тут я.
Вот она это сама делала вместе с бабушкой,
бабушка эрэк аӈанытча.
Эррочим оӄ-та одиӈавур, айдита? – И.
50 Нэгнин одаӄан, мы потом хотим вот настоящий сделать,
чтоб покрасить самим уже,
у нас просто не было возможности, чтобы покрасить.
Это мех покрашенный.
О-о, айдит, эррочин бишэкэн, если баккарадим,
55 нёбатыгал ачча эррочинни ошал.
Ошал бинни? – Ачча.
Экичэ, дефицит. Валентинняв-да ачча, эштэн эмувэттэ.
Ӄётли-лу ӄуӈав, эррочиннитки бивэттэн, ӄӣеш? – Уӈчэтэн.

198

Yes, there were two grandmothers, they sewed marvelously,
40 right, Lidochka?
This here, where did you find such beauty?
They decorated it last year for a festival with their grandmother.
Tonia sewed it with her grandmother.
Excellent, I feel embarrassed.
45 Tonia has also embroidered that. – But I have made this,
I have begun here.
This she has made by herself with her grandmother,
her grandmother has sewn this.
Come on, let's sew another sometime, well? – Come on.
50 When spring sets in, we want to make it in the real way,
to dye the skin ourselves,
we just did not have the opportunity to dye.
The skin is dyed.
This is true, if there were those, if one would find them,
55 but there are not these white reindeer leg skins.
Are there reindeer leg skins? – No.
It's bad, there is a shortage, and also Valentina does not have them, they
do not bring them (here).
Well, and look at the child, how it is, you see? – They made.

Да, две были бабушки, прекрасные вышивали,
40 правда, Лидочка?
Вот это где вы нашли такую красоту?
Они с бабушкой украшали в прошлом году для фестиваля.
Тоня с бабушкой шили.
Прекрасно, мне даже стыдно.
45 Это тоже Тоня вышивала. – А я вот это делала,
начинала тут.
Вот она это сама делала вместе с бабушкой,
бабушка это шила.
Давай такую же когда-нибудь сошьем, хорошо? – Давай.
50 Когда весна придет, мы хотим по-настоящему сделать,
покрасить шкуру самим,
у нас просто не было возможности покрасить.
Этот мех покрашенный.
О-о, правда, если бы такие были, вот бы найти,
55 но нет таких белых камусов.
Камусы есть? – Нету.
Плохо, дефицит, и у Валентина нету, не привозят.
Ну и смотри за ребенком, так бывает, видите? – Они делали.

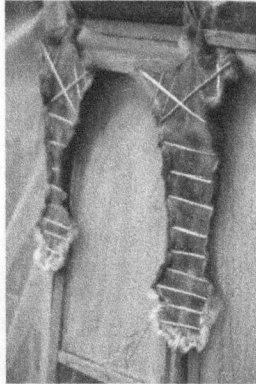

«Она это сама делала вместе с бабушкой»
(*продолжение*)

Эчин тараватта-ӄӄа эчин эртэки.
60 И черные. – Иӈэ, ай, нод, бидин, иӈэ, чёрные,
чёрные, чёрные некэмчилты.
Нод бидин, наверно, этэн-кэ подхвачималчир?
Раз, два, три, четыре, пять, шесть, и шесть, алатли,
мерешэндэку,
65 немножко иӈэ, илан?
Илан бидин. Эррочим гадип?
Таваррочим гаш-та, а если абалшуӄан бидин,
эррочин-тэ айты-да.
Эркэрэ, хикут тэргэшкэкэм эшишэмчэ,
70 ай-та-да.
Эшнэ, эчин некэмчэ,
нал эрич некэмчэ эчин элэ.
Иӈэ, ай-та-да бидин, иӈэ.
Эчин, эчин бивэттэн эр тараӄ,
75 нян эрич некчин кучуннекэкэн.
И, иӈэ, ай-та-да.
Энтукукэн аӈаныддин нян тараӄ,
Тоняли нян хурдир Эрихтэки.

So they turn it inside out, this way, to here.
60 And the black ones. Yes, good, it will be beautiful, yes, dark (ones),
they sew them from black reindeer leg skins.
It will be beautiful, probably, but you don't accept our idea?
One, two, three, four, five, six, and six, wait,
give it, I will try it on,
65 still a little bit, three?
Three more reindeer leg skins it will be. Which ones do we take?
Take these here, and if they are not enough, take others,
it will also be alright.
And this here, if this suede is just smeared,
70 it would be good.
No, if one would do so,
the seamstress would smear the mixture here.
Yes, it would be good.
So here the skin will be,
75 you smear it again with very little (reindeer) guts.
Yes, of course, it will also be good.
She will not rush to sew,
with Tonia they will then travel to Erich.

Так вот выворачивают, вот так, сюда.
60 И чёрные. Да, хорошо, красиво будет, да, чёрные,
из чёрных камусов могли бы сшить.
Красиво будет, наверно, а не подхватят ли нашу идею?
Раз, два, три, четыре, пять, шесть, и шесть, подожди,
дай-ка я померю,
65 немного ещё, три?
Три камуса ещё будет. Какие возьмём?
Такие вот берете, а если не будет хватать,
другие подберете, тоже будет нормально.
А вот она, если прямо намазать эту замшу,
70 было бы хорошо.
Да нет, если бы так сделала,
мастерица смесью намазала бы здесь.
Да, хорошо было бы, да.
Вот так, вот такой бывает шкурка,
75 снова пометом намажет совсем немножко.
Да, конечно, тоже будет хорошо.
Не спеша шить будет она,
с Тоней потом поедут к Эриху.

Koerkova, Antonina Gennad'evna

Esso, 16.08.2000
Esso, 22.07.2002

Коеркова, Антонина Геннадьевна

«У каждого народа на Камчатке существует свои узоры»
А. Г. Коеркова, с. Эссо, 16.08.2000

ELC3-02_5.4 ‖ 1› 13:02 ‖ 5› 13:23 ‖ 10› 13:45 ‖ 15› 14:07 ‖ 20› 14:38

1 Также с изнаночной, из наночной стороны нужно обязательно
Надо аккуратно шить, чтобы, как бы выглядело лучше,
и, конечно же, красивее. Так…
Потом, вот это…как шьётся кулончик.
5 По серединке вот такой делается: нанизывается бисер любого цвета,
Сшивается, и потом вокруг этого делаешь круги такие.
Нанизываешь на нитку,
полностью вот так нанизываешь,
а потом начинаешь шить, и в таком положении…вот.
10 Рука должна быть…вот так держать,
придерживать вот нитку из бисера
и вот шить, сейчас покажу, как шить надо правильно.
Это тоже большое искусство и надо учиться ему и учиться.
Когда только начинала шить,
15 не очень уж всё получалось, да?
Всё было криво-косо,
ну потом уже со временем всё конечно…вдевается,
на себя тянешь,
и вот так, как бы закрепляешь вот этими пальцами.
20 Вот эти жилы оленьи – они самые крепкие,
самые лучшие нитки в мире, как можно сказать,
не в мире, а вообще, у нас, среди коренного народа.
Эти нитки на многие года – ни ветер, ни снег не порвёт.
Если только не износятся.

"Every people living in Kamchatka has its own patterns"
A. G. Koerkova, Esso, 16.08.2000

1 This is the frontside, from the backside you must absolutely
accurately embroider so that it looks better,
and, of course, more beautiful.
Later, a small pendant will be sewed on there.
5 This here is made at the middle: beads of any color are stringed.
It is embroidered, and then around this you make these circles.
You string it on a thread,
you string it completely this way,
and then you begin to embroider, in such a position.
10 The hand has to be…you hold it this way
in order to support the thread with beads,
and so to embroider, now I'll show, how you have to embroider right.
This is also a great art that one has to learn and learn.
When I had just began to embroider,
15 not everything succeeded right away, yes?
Everything was crooked and lopsided,
and then gradually of course all…is pulled through,
you hold it to yourself,
and this way, as you hold it fast with these fingers.
20 This reindeer tendon, they are the strongest,
the best threads in the world, may I say
not in the world, but among us, the indigenous people.
For many years, not the wind, nor the snow will break these threads.
If they aren't worn out.

«У каждого народа на Камчатке существует свои узоры»
(продолжение)

25 Делаешь стежок – и на себя.
Иголку держать в таком положении, не вот так, а вот так, как бы,
рукой вот так, в сторону.
Обязательно нужно делать короткую, короткую длину нитки,
чтобы была удобной.
30 Как говорится, длинная нитка – ленивая швея.
Ты видишь, по локоть. – Да, по локоть.
Вот тут иголка, а здесь нитка, көенни (видишь)?
Да. – Вот тут иголка, а тут нитка,
и в таком положении шьется.
35 С этой стороны придерживается вот так…указательным пальцем.
А еще мы, эвены, придерживаем края с помощью доски для кройки.
   [А еще бу, орочил, эчин аҳаннотту тивэныч тывэныч]
– (На два года позже): Сама я начала шить в девяносто седьмом году,
когда я уже точно начала, уже взялась…я взялась;
у меня первая работа была – вот эти орнаменты.
40 Это была моя первая работа.
Потом поступила я…в девяносто седьмом году
вышивала вот этот орнамент –
это тоже мои первые работы.
У каждого народа, живущих на Камчатке, существует свои узоры,
45 которые вы видите на этом костюме.
И вообще каждый народ не только по внешности,
но отличаются и по крою одежды,
вообще по национальному костюму.
Значит…вот этот самый основной орнамент у нас, эвенов,
50 он как бы зашивается частями,
кроется отдельно,
отдельными частицами орнамента:
вот эти ромбики, эти линии, эти палочки –
всё это кроется отдельно.
55 И оно у каждой мастерицы по цвету выбрано по своему вкусу,
что, какой ромбик представлять на этом орнаменте.
Значит, для каждой мастерицы тот орнамент,
который она создаёт своими руками, означает своё.

25 You make stitches, and towards yourself.
   You hold the needle in this position, not so, but so
   with the hand, this way, to the side.
   Absolutely, one must make a short length of the thread
   so that it is comfortable.
30 How you say, a long thread – a lazy seamstress.
   You see, at the elbow, yes, at the elbow.
   Here is the needle, and here is the thread, you see?
   Yes. Here is the needle and here the thread.
   And in this position you sew.
35 From this side it is held this way, with the forefinger.
   But we, the Evens, hold the edge with the help of the cutting board.
   – (Two years later): I myself started to sew in 1997,
   when I really started, I already set to work.
   I had my first work – these ornaments.
40 This was my first work.
   Then I continued, in 1997,
   I embroidered this ornament.
   So these are my first works.
   Every people living in Kamchatka has its own patterns,
45 which you see on this coat.
   And in general, each people does not only differ from every other in their
       exterior appearance,
   but also in the style of their clothing,
   in general in their ethnic dress.
   This is our most important ornament, of the Evens,
50 it is sewn on from parts,
   it is cut separately,
   in different parts for the ornament:
   Here are these rhombuses, these lines, these sticks,
   all this is sewn separately.
55 And this is chosen by every seamstress for its color according to her liking,
   which rhombus to set into this ornament.
   That means, every seamstress has that ornament
   that she makes with her hands, that means it is hers.

«У каждого народа на Камчатке существует свои узоры»
(продолжение)

ELC3-02_5.4 ‖ 60 › 17:47 ‖ 65 › 18:08 ‖ 70 › 18:42 ‖ 75 › 19:05 ‖ 80 › 19:29 ‖ 85 › 19:49 ‖ 90 › 20:11

Каждая мастерица вкладывает в этот орнамент какие-то свои идеи,
60 какие-то свои мысли.
И на мой взгляд, точно я не могу сказать,
что означает этот рисунок,
но я думаю, что в этом заложено:
так как раньше жили стойбищами – это означает каждый очаг,
65 каждая юрта – это то, что находится внутри чума.
Я думаю, что это изображены муж и жена, вот здесь – дети.
Вот что-то-то в нём, в чуме кто-то жил.
В одном чуме жили муж и жена, в другом – их взрослые дети,
в этом, например, бабушка и дедушка…и так далее…
70 То есть это внутренний мир юрты –
это я так думаю, догадывалась, додумывалась, потому что,
как я говорила, каждая мастерица вкладывает свое что-то.
Это я думаю, не только я думаю,
но и думает моя бабушка, Матрёна Ильинична,
75 что это означает юрты, ну как стойбище,
стойбище юрт, стоит каждая по отдельности –
и это, я думаю, что это юрта.
И в основном это изображали наши предки – эвены.
Это тоже сшито из бисера, бисера привозного,
80 раньше, вы знаете, привозили
в стойбище эвенов и коряков.
Привозили бисер американцы на своих собачьих упряжках.
Значит, это привозное,
американцы какую-то долю в нашу культуру вложили.
85 Вложили также и изображение каких-то орнаментов,
каких-то знаков.
Вот это тоже означают юрты…юрты.
Значит, у нас основные цвета у эвенов преобладают:
голубой, синий-синий, красный, черный и белый.
90 Это основные цвета в орнаменте,
которые преобладают у эвенов.
А остальные, как бы уже по своему вкусу каждая мастерица
вышивала и что-то создавала какие-то орнаменты.

206

Every seamstress puts her ideas into this ornament,
60 whichever thoughts.
And in my view, I cannot say precisely,
what this drawing means,
but I think what might be there:
So, as we lived before in the reindeer camp, that means every fire,
65 every yurt (nomadic tent), that what is inside the tent.
I think that it expresses man and woman, and here, children,
who lived in the tent.
In one tent lived a man and his wife, and in the other their adult children.
In this, grandmother and grandfather, and so on.
70 This is the inner world of a yurt of the Evens,
so I think, I thought, why,
as I said, every seamstress put in hers.
I think, and not only I think so,
but also my grandmother, Matrona Il'inichna,
75 that this means yurts, like a reindeer camp,
a reindeer camp with yurts, each stands for itself,
and this is, I believe, a yurt.
And this represents mainly our ancestors, the Evens.
This is also embroidered from beads that had been brought here,
80 earlier, as you know, they were brought
to the reindeer camps of the Evens and of the Koryaks.
They brought these American beads on their dog sleds.
That means, they are imported,
the Americans made a contribution to our culture.
85 And they also contributed representations of some ornaments,
some signs.
This here also represents yurts, yurts.
That means, particular colors predominate with us, the Evens:
light blue, dark blue, red, black, and white.
90 These are the primary colors in the ornament,
which predominate with the Evens.
And the others, every seamstress sews according to her liking
and makes her ornaments.

«У каждого народа на Камчатке существует свои узоры»
(продолжение)

ELC3-02_5.4 ‖ 95 › 20:38 ‖ 100 › 21:00 ‖ 105 › 21:17 ‖ 110 › 21:57 ‖ 115 › 22:31 ‖ 120 › 23:06 ‖ 125 › 23:41

Как я уже говорила, это юрты на фоне неба.
То есть у каждой женщины, когда хотела,
95   она всегда держала у себя на костюме колокольчики,
вот эти колокольчики.
То есть эти колокольчики отгоняли духов,
злых духов от своей души, от своего сердца, от своего ума.
Когда кочуешь по тундре,
100 где-то там далеко стоит какое-то стойбище какого-то рода:
Черкановых, Банакановых, например,
те, которые кочевали на оленях или на конях,
кочевали по тундре,
они как бы определяли тех, кто живет в стойбище,
105 или едут гости того или другого рода, какой-то семьи.
Сзади – обязательно воротник, это эвенский, чисто эвенский
орнамент,
он притачивается, пришивается к основному костюму.
Далее…видите на задней стороне костюма пришивались
110 такие штучки не зря,
они пришивались на нижней части спины.
Это пришивалось обязательно, они покачивались из стороны
   в сторону,
как бы сопровождают тебя.
В основным они шились из разных материалов,
115 натурального меха, заячьего.
На задних лапках есть ороговевшие частички меха,
их вырывали или отрезали, затем окрашивали их ольхой.
Снизу здесь кожа выделанного оленя тоже пришивалась по своему
   вкусу.
Это голубой, черно-белый, красный –
120 вот это основные четыре цвета.
Я думаю, что каждый цвет бисера не зря выбрали.
Этот красный цвет – цвет солнца, белый цвет – дневной,
черный – ночной, цвет ночи, а голубой – это цвет неба.
Это я так думаю, что им надо было так выбрать цвета бисера.
125 Преобладают у нас в эвенских костюмах и зеленые цвета.

As I already said, these are yurts against the background of the sky.
Every woman has, if she wishes,
95 she always keeps with her on her coat little bells,
these little bells here.
That means that these little bells should chase away spirits,
bad spirits from your mind, from your heart, from your brain.
If you migrate in the tundra,
100 and somewhere far away is a reindeer camp of a certain kinship group:
the Cherkanovs, Banakanovs, for example,
those who travelled by reindeer or on horseback,
who migrated in the tundra,
they announced themselves (this way) to those who lived in the camp.
105 Or they visited somebody from another kinship group, a certain family.
On the back, there is absolutely a collar,
this is an Even, pure Even ornament,
it is sewed on the main coat.
Further, you see sewn on the back side of the coat
110 these pieces that are not for nothing,
they were sewn on at the lower part of the back.
This was sewn on absolutely, they swing from the one side to the other,
as if they are accompanying you.
They are mainly sewed from various materials,
115 natural fur, hare.
On the hind paws there are cornificated parts of the fur,
they took them out or cut them off, then they dyed them with alder.
At the bottom the prepared reindeer skin was sewn on according to
    one's liking.
This is blue, black and white, red –
120 these are the four main colors.
I think that each color of the bead is not randomly chosen.
This red color means the color of the sun, white color means daytime,
black: night, the color of the night, and blue means the color of the sky.
That is how I think, how they choose the color of the beads.
125 On our Even coats green colors also predominate.

«У каждого народа на Камчатке существует свои узоры»
(продолжение)

ELC3-02_5.4 ‖ 130 › 24:05 ‖ 135 › 24:47 ‖ 140 › 25:25

Зеленые цвета, вот зеленый, вот зеленый…зеленый цвет.
Я думаю, что это цвет лета,
цвет зелени, цвет травы и так далее.
Вот например бисером в основном вот так пришивалось.
130 Колокольчики вот так приделывались…колокольчики,
и это вот так приделывались, чтобы отгонять злых духов.
Этот орнамент как бы перенят у других народов, ненцев, например.
Это рога оленя или вообще олень.
Это у нас, эвенов, тоже есть.
135 Мы занимаемся такими работами, взятыми у других народов.
Это рога оленя, и каждый народ выбирал, как ему делать.
Это зависело от фантазии человека,
чтобы это было видно на орнаменте.
В данный момент – это орнамент оленя.
140 Это перенято от ненцев, у нас всё это привозное.
У нас тоже в старину бабушки любили и до сих пор любят
заниматься плетением из бисера.
Это перенято из материка.
Это вышивка из бисера – моя фантазия, набор цветов.

Green colors, here is green, green color.
I think, it is the color of summer,
the color of the leaves, the color of the grass, and so on.
Here, for example, beads are mainly embroidered this way.
130 The little bells are sewn on this way
so that they chase away the evil spirits.
This ornament as it is borrowed from other peoples, Nenets, for example.
This is reindeer antler, or in general, reindeer.
We Evens also have this.
135 We occupy ourselves with this work that is taken from other peoples.
This is reindeer antler, and each people chooses what to do with it.
It depends on people's imagination,
so that it would be seen in the ornament.
At the given moment – this is a reindeer ornament.
140 This is borrowed from Nenets, we have all this, which is brought here.
Among the kinship group of my grandmother we also liked
and until now like to occupy ourselves with wicker work from beads.
This was brought (to us) from the mainland
This is an embroidery from beads – it's my imagination.

Lomovtseva,
Maia Petrovna

Esso, 16.04.2014

**Ломовцева,
Майа Петровна**

«Так предупреждали эвены раньше»
М.П. Ломовцева, с. Эссо, 16.04.2014

ELC3-02_5.5   ‖ 1 › 26:10 ‖ 5 › 26:25 ‖ 10 › 26:47 ‖ 15 › 27:10

1   Умӈурунни бивэттэн эртэки эр эйду,
   умӈурун» эрэк, он гэрбэнэ-ши эр эрэк,
   эдэн яӄ-та бутэккэкэн-дэ яӄ-та эдэн эртэки
   эрэгэр эртэки уӈдин нымулдыватчин эртэки
5   эчин уӈникэн ошитниӄан
   бутэн-дэ эмгэрэр, яӄ-та кэнели-дэ төрэчэтэн яв-да этэн нян эдэтэн
     уӈгэрэр,он-ӄа гөвэттэ,
   эдэтэн төрэнтэн ишӄарар
   ӈив ӈи-дэ уӈэччэрэтэн.
   Тачин-да тар гөвэттэ нян орочил титэль.
10 Эрэв бэкэль-дэ Кир, эрэвгэль гөвэттэ «итигча»,«итигча»,
   эрэк бэйди нишавча, «нишавча» гэрбэн,
   ораттич «ниша» итиг итиӄагчи «ити»
   гэрбэн «ити».
   Эрэк «упува», «упува» гэрбэн «упува».
15 Табч нодыӄаватти-да,
   краскачидюр уӈу муннуӄан уӈдукун эр
   муннуӄан оардуӄун ошал.
   Тадуӄ тар уӈӈөттэ краскаватта яла-да.

"This way Evens protected themselves earlier"
M.P. Lomovtseva, Esso, 16.04.2014

1   This side, this here,
    is called *umnurun*
    that there will be no illness,
    always in this direction, that the hair lays on this side,
5   like this here, so that there will be no illnesses,
    no bad words of foes, so that nothing (bad) will happen in life, as one says.
    so that no bad words come through from anybody.
    So that words of bad people don't get through.
    This way Evens protected themselves earlier.
10 This we did partly, this is called "face",
    a human face that is sewn upon,
    called "beads", in Even *nisha*,
    face, like a face, it is called *iti*.
    This is *upuva*, the name for "coat panel".
15 By the way, they decorate this,
    decorate this with pieces of fur from hare,
    from the paws of hares.
    Then all this is dyed with something.

---

1   Эта сторона вот такая,
    «умңурун» – называется так,
    чтобы не было никаких болезней,
    постоянно вот сюда, чтобы ворс ложился в эту сторону,
5   вот так, чтобы не приставали никакие болезни,
    никакие плохие слова недругов, чтобы ничего не случалось в жизни,
        как говорится,
    чтобы не доходили плохие слова от кого-нибудь,
    слова плохих людей не доходили.
    Так предупреждали эвены раньше.
10 Это наполовину делали, это называют «лицо»,«лицо»,
    человеческое лицо вышито, «бисер» называется,
    по-эвенски «ниша» лицо, как лицо,
    «ити» называется, «ити».
    Это «упува», «упува», называется подол.
15 Его кстати украшают,
    выкрашивают из кусочков шкурки зайца,
    из лапок заячьих.
    Затем всё это красят чем-нибудь.

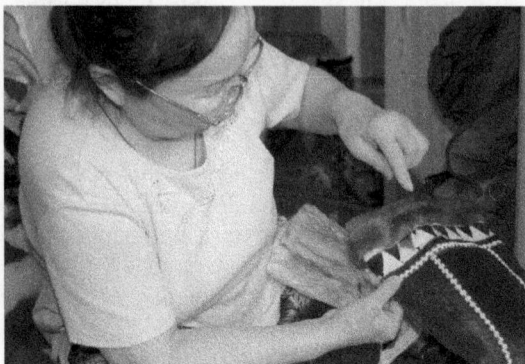

«Так предупреждали эвены раньше»
(продолжение)

ELC3-02_5.5 ‖20›27:35 ‖25›27:54 ‖30›28:16 ‖35›28:37

    Нян тар тачин гөвэттэ эчин тар эрэв эйду,
20 краскачав эчин краска,
    эрэккэль тик краскач илқан краскачав эрэв,
    тачин тар гөвэттэ.
    Хөтэлдин, көетчин эчин нод бидэн,
    эчин эр көеччин эчин,
25 эртэки, эртэки, эртэки,
    эчин бидэн, нодықаватта, нян эрэк
    анда гөвэттэ отарамшан хиқут чургути бивэттэн,
    нян тачин-да уӈгэрэлле, он-қа чургути бинни,
    тачин-да көетчиш, эчин бидэн.
30 Аич көетчинни яшалди-тта,
    нян тачин-да аич туридинни чургутич,
    чургути-ттэ дяватчинри аӈанми инмэи.
    личико, лицо – «итиқавча»
    Это лицо людей,
35 нян эрэк «итиқавча» гэрбэн.
    Тэми эчин гөвэттэ, итиқақан урэчинни.
    А элэ как-будто эртэки уӈчэнни итичанни биддэ,
    көенни, хое итиқагча.

So they say, so all this is called,
20 what I dyed, the color,
now it stays, I dyed this,
so they say.
One is tired, watches
that it will be beautiful, so they look,
25 like this here,
that it will be so, they decorate.
Some said the direct way, it is even.
So you also embroidered, how it is,
you will examine it in nature, and so it will be.
30 Carefully look with your eyes,
and just the same you transmit into an even line,
and you hold the needle just so when you are sewing.
a small face, a face – *itikavcha*.
It's face of people,
35 this is called "face".
Therefore they say that this is similar to a human face.
But here, somewhere here, the face is turned around,
you see, much is sewn in the form of faces.

Вот так говорят вот так называют всё это,
20 что я покрасила, краска,
теперь эта настоящая, покрасили я это,
так говорят.
Устанет, осматривает,
чтобы было красиво, так смотрят,
25 вот сюда, сюда, сюда,
чтобы так было, украшают,
одни говорили, дорога прямая, ровная бывает,
так и вышивайте, какая она бывает,
будете осматриваться на природе, пусть так и будет.
30 Внимательно наблюдай глазами,
и точно так же передашь ровную линию,
и так же прямо держи при шитье иглу.
личико, лицо – «итиӄавча»
Это лицо людей,
35 вот это «итиӄавча» называется.
Поэтому так говорят, что это похоже на лицо человека.
А здесь, как-будто сюда лица повернуты,
видишь, много сшито в форме лиц.

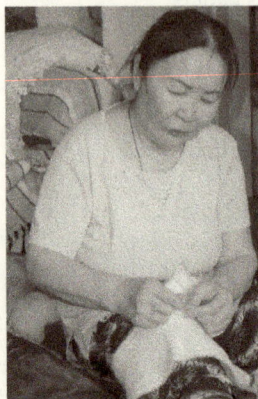

«Так предупреждали эвены раньше»
(*продолжение*)

ELC3-02_5.5 ‖ 40 › 28:53 ‖ 45 › 28:53 ‖ 50 › 29:23 ‖ 55 › 29:41

И, эчин бидэн, нян уӈ көетчинри мэн нодыҡами,
40 нод, нод бидэн.
Көетчинри яҡ иррочин-да көетччөттэ аван-да,
иррочин нишаӈаш бинни-ккэ,
нишав тульдэй,
нян тульлөттэ таррочинат-та,
45 уӈ нод бидэн.
А итивгэл-дэ көеттэн аич
ичукэттэй эчин нян уӈнэн оруватту нишаввотта,
итив некригчин, мэрэтэкэкэнэч,
нян мэрэтивэн эртэки уӈнэ,
50 көеттидюр этэки-ттэ-дэ уӈкэттэ нишавҡатта.
А уӈдэвур эчин онявatta, чэлэвэн оняригчин
оняҡаччотта эрэв гөвэттэ эрэв «оняҡatta»,
ичудэн, ичугэн бидэн эртэки тэми.
Тачиннун этэн уӈнэ ичуллэ,
55 тэми эчин уӈӈөттэ.
Эрэк-тэ уӈ-дэ чулбанявatta, гөвэттэ,
чулбаллан-ҡа, чулбаллан орат-та,
чулбаня бивэттэн нод,

216

Yes, that has to be so, then look,
40 so that it will be beautiful.
You see, what a seam is this, they examine others,
which beads you have,
to put on the beads,
then they also put on such an embroidered piece
45 so that it will be beautiful.
And also if one looks at the face
so that it is shown exactly like that, as we do it, we sew.
Somehow this face is like a circle,
then they cut a circle there,
50 you see, they stitch all sides with beads.
But there one draws everything, as drawings,
they draw it, this all is called "they draw"
so that it becomes visible, so that the pattern comes out so.
This will not just be shown,
55 therefore they make it that way.
And one also has to show the blossoming,
when everything turns green, when the grasses become green,
the green color is beautiful,

Да, так должно быть, потом посмотришь,
40 красиво, красиво, чтобы было.
Посмотришь, что и какой шов, осматривают остальное,
какой бисер есть у тебя,
чтобы бисер вставить,
потом вставляют вышитую нашивку такую же,
45 чтобы было красиво.
А также пусть смотрит лица,
чтобы точно показать вот так, так делаем, вышиваем, вышиваем,
как-будто это лицо, «кругленьким»,
потом круг этот вот сюда выкраивают,
50 осмотрев, все стороны обшивают бисером.
А до этого вот так чертят всё, как рисунки,
чертят, это называется всё «оняӄатта» – «рисуют»,
чтобы было видно, кройка поэтому так получается.
Так просто не будет изображено,
55 поэтому так и делают.
А ещё надо передать расцвета, говорят же,
когда везде зеленеет, начинает зеленеть трава,
зеленый цвет бывает красивым,

«Так предупреждали эвены раньше»
(продолжение)

ELC3-02_5.5 ‖ 60 › 29:56 ‖ 65 › 30:26 ‖ 70 › 30:52 ‖ 75 › 31:16

тур-дэ чулбаня бивэттэн, тачин тар.
60 Эрэккэль, он-ҟа гөвэттэ,
мулэнев-кэ уӈэ, тараҟа-ши уӈэ, он-ҟа гөвэттэ, эрэк бидин-дэ.
Эр-кэ гя-ҟҟа бивэттэн-кэ нөчэкэг мөнтэлшэ-кэ бивэттэн
нёвэттэн нюлтэн эчин уӈэн нюлтэнгидэткин.
Эртэки утарраҟан, уталнаҟан эртэки бивэттэн.
65 Уӈэӈэл нёбативан гөвэттэ тарав «оран».
Оран ичувэттэн эчин, орандула нёбати.
Дюр-дэ бидин.
Тараҟ эчин нян нод бидэн, көеттыдюр,
нэвэттэ, эрэв гөвэттэ «тукэрэндэчэ», тэми эчин, эчимэкэн,
70 таимҟатти эчин көеттчин, чургути бидэн.
Эдэн тачиннун, эштэн тачиннун уӈӈөттэ гирҟаччотта,
аич гирротта, чургути бидэн эйду, нод-да бидэн, көевэттэ эртэки.
Тачин-та-да чамья көеччөттэ чэлэвэн-кэ,
эртэки нод бидэн.
75 Он-ҟа урэкчэр тар бишэ онячагчин,
онячагчин бидэн, нян нод од, бивэттэ, көеттыдюр.
Эрэк эрэк эр, эрэк илҟан титэль эрэк орнамент,

218

and all the ground becomes green, so it is.
60 Now, but this,
 they are red, how they call them, this will be.
 It is different (how) the plants change in the fall,
 turn to the sun, and so too here, in the direction of the sun.
 It is pulled here, when it is pulled here.
65 And here the white antlers, they call them "reindeer".
 One can see the reindeer, in the herd, it is white.
 And there are two.
 And this will be very beautiful, you see, look carefully,
 they put it, they call this therefore *tukerendeche*, just so.
70 They examine constantly so that it will be even.
 Not just so, you never would cut out carelessly,
 you cut accurately so that it will be even everywhere and beautiful, as
  they are.
 Precisely, they absolutely look at everything so that it will be beautiful
 from all sides.
75 Here mountains are cut out precisely,
 as they are cut out, it becomes beautiful, in fact.
 This is a really old ornament,

и вся земля зеленой становится, вот так вот.
60 Ну а это, как же сказать,
 красные это, они же, как же называют их, это будет.
 Это же другое же бывает заросли растений осенние бывают,
 восходит солнце, вот так, в сторону солнца.
 Вот сюда тянутся, когда вытянутся сюда бывают.
65 А вот белые пятна называют их «оран» – олень.
 Олень виден, в табуне он белый.
 И два бывает.
 А вот это очень красиво будет, осмотрев, внимательно осмотрев,
 кладут, это называют «тукэрэндэчэ», поэтому так, прямо так,
70 пристально так рассматривают, чтобы ровно было.
 Да не так просто, никогда небрежно не выкраивают,
 аккуратно кроят, чтобы везде было ровно и красиво, смотрят.
 Точно так же абсолютно всё рассмаривают,
 чтобы со всех сторон красиво было.
75 Вот как точно нарисованные горы,
 как нарисованные, становится красиво, как в действительности.
 Это вот это, это настоящий старинный орнамент,

«Так предупреждали эвены раньше»
(продолжение)

ELC3-02_5.5 ‖80›31:37 ‖85›31:54 ‖90›32:12 ‖95›32:35

титэль илқан аӈанча эрэк,
мин-дэ-тит-тэ ачча бишэку аӈанча эрэк уӈэ.
80 Иӈэ, эрэк американский бисер, сапфоровый,
фарфоровый ниша – бисер.
Эрэвгэл гөвэттэ эрэв «будулегчэ» эрэк уӈӈөн,
эчин дёӈичав нян экич гирқаривутан,
будулетэн эшшэки бинни,
85 эрэк бидини-ши орар, орал алӈал-да,
будыл-да, нёбитил-да бишэ.
Эрэккэль чулбаллан чэлэлин уӈэн нянин,
ойдэлит-кэ дюнит нянин,
отаран-да-кка бивэттэн уӈдук-ккэ,
90 тугэду-дэккэ бивэттэн отаран эчин
нян орал талиқақан уӈэддэ гилталыдянна,
қонақавачидянна орал.
Нян эрэк эртэки тачин нодықач эчишукэн бинни,
эрэк эчин аваил эрэк уӈчэтэн илқан амтил уӈчэтэн.
95 Да, эртэки муюкчэн эрэк унтэ-дэ,
эрэк эртэки эртэки, муюкэв эртэки эчин, эчин.
Көеччөттэ эр-кэ эчин.

it was made in this way from early times,
it was not even in my memory, this piece of sewing.
80 Yes, these are American beads,
   glazed porcelain beads.
   And this they call *idushchie*,
   I repeated here, how reindeer are walking one after the other,
   below their legs are so furry,
85 this shows transport reindeer, reindeer with a bridle,
   spotted and white ones in the herd.
   And this blue here is the sky,
   that which is now below this band is the sky,
   and the whole trail comes from there,
90 it is winter
   and the reindeer move along the border of the trail,
   all of them have their hooves on the trail.
   Also an ornament is attached here,
   the seamstresses sew this way.
95 Yes, here is a line in this direction,
   this to here, and to here, a seam to here, like this.
   They examine it in this way.

он был изготовлен с давних времён,
даже меня и в помине не было, расшито это вот.
80 Да, это американский бисер, сапфоровый бисер,
   фарфоровый «ниша» – бисер.
   А вот это называют «идущие» здесь говорится,
   я так повторила, как идут олени друг за другом,
   их ноги вниз опущены во так,
85 это показаны олени идущие, олени с уздечкой,
   и пёстрые, и белые в табуне.
   А это голубеет всюду это небо,
   которое сейчас над ленте небо,
   а ещё ведь дорога бывает из этого,
90 зимой ведь бывает
   а олени по краям дороги движутся,
   у всех копыта по дороге.
   Это вот сюда так же украшением немного вышито,
   это вот так мастерицы шьют по-старинному
95 Да, сюда строчку сюда в эту сторону,
   это сюда и сюда, строчку (шов) сюда вот так, так вот.
   Осматривают вот таким образом.

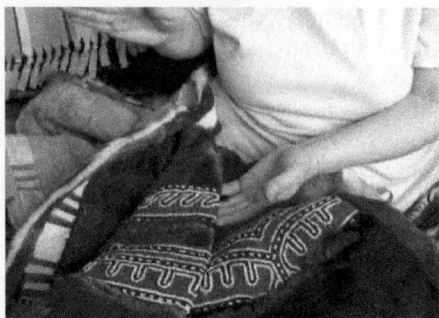

«Так предупреждали эвены раньше»
(продолжение)

Болгиӄав-да эчин-кэ, он-ӄа,
дэшчишнөттэн туртэки,
100 болгит дэшчишнөттэн,
иманна уӈдук нипкэрэкэн,
нян болгит-та, тачин болгит дэшчишнэн.
А гян дыгне эртэки, хан-да эртэки оддёттан болгит.
Чургун, чургундиддётэн нян.
105 А уклэшнэн нян тар тугэни одаӄан болгит,
тарав тар дёӈичалтан бишни. Эчин эр.
Нян тар, ашапар.
Эрэк гөвэттэ, эрэв гөвэттэ, томинуӄанча,
нян эрэк-тэ тачин нодыӄа бивэттэн «томинуӄанча»,
110 эрэв гэрбэн гөвэттэ, гэрбэвэттэ «томинуӄанча».
Сам орнамент, гөвэттэ «томинуӄанча».
Эрэв нян уӈӈөттэ чэлэлин упова-да анчиндулан уӈӈөттэ,
эли-дэ гирӄаватта, эр уӈ тачин, нод бидэн.

222

And (there is) also a dwarf pine,
when it leans down to the ground,

100 when the dwarf pine lies down, lies
when the snow pushes it down,
and when the dwarf pine lies down for this reason.
Some to the left side, others lie the other way around the dwarf pine.
There are straight ones, others stand straight,

105 and when they lie down on the snow, when in the winter the dwarf pine
     appears.
The whole picture is given in the ornaments.
So here, and all, I don't know.
This is called *tominukancha*,
this drawing has the name *tominukancha*,

110 this decoration is called *tominukancha* – ornament.
The ornament itself they call *tominukancha*.
This ornament nearby they sew with a seam, they make it,
and here they sew it, as here, so that it will be beautiful.

И кедрач так же,
когда он клонится к земле,

100 кедрач ложится,
когда снег его придавливает,
и кедрач, таким образом кедрач набок ложится.
Некоторые в левую сторону, другие наоборот ложатся кедрачи.
Прямые есть, другие стоят прямо.

105 И засыпает под снегом, когда зима наступает кедрач,
всю эту картину передают в узорах. Вот так вот.
Вот и всё, не знаю.
Это называется, это называют «томинуӄанча»,
и этот рисунок бывает под названием «томинуӄанча»,

110 это украшение называется «томинуӄанча» – орнамент.
Сам орнамент называют «томинуӄанча».
Этот орнамент весь рядом с подолом расшивают, делают,
и вот здесь расшивают, вот так, чтобы красиво было.

Lomovtseva,
Maia Petrovna

Esso, 21.09.2014

**Ломовцева,
Майа Петровна**

«Кочевка видно очень на снегу»
М. П. Ломовцева, с. Эссо, 21.09.2014

ELC3-02_5.6   ‖ 1 › 34:05 ‖ 5 › 34:32 ‖ 10 › 34:52 ‖ 15 › 35:28

1 Оротты нэль титэлерэп, экму бичэ аӈанча.
   Эрэк нэлю минду бурин эрэк, он-ӄа гөвэттэ,
   тэтуткэрэдэку ноӈан битлэдун эрич.
   Нэлю-ши эрэкэччөттэ гякич,
5 табч эрэв уӈӈөттэ,
   эрэвэттэ ороттыч гөвэттэ «эрэчэ».
   Эрэк оран ӈөелледин эр эрэвэттэ.
   Краскаватта, дуктэнун амнидюр табч.
   Онеӈыч уӈэч оиӈ-ӄа бивэттэн мулэне.
10 Таррочиннун эчин уюттөттэ, нан краска оваттан мулэне.
   Тараӄ нян уӈӈөттэ эшивэттэ тарав ӈөелиӈур,
   умиччөттэ ӈөелиӈур нян, эртэки уӈӈөттэ олгивӄаватта, нян.
   Тарав некчивэттэ эрэдливӈэвэр, эрэвэттэ нёбатыч.
   Табч мулэнеч, ан-да бивэттэн уӈ, он-ӄа гөвэттэ, чулбаня.
15 Ораттыч тараӄӄал бивэттэн гэрбэн чулбаняч уӈӈөттэ.
   Нөчэдук чулбаня ноду-ӄӄа бивэттэн, таррочиндуӄ.
   Уӈнидюр эшивэвттэ. Нян эрэвэттэ тыргышли.
   Эрэк балдун бивэттэн оротты титэльти эрэчэн.
   Аӈанчавур ӈөеӈлич гөвэттэ эрэчэ ӈөеӈлич аӈанчавур.

"The reindeer migration is seen well against the snow"
M.P. Lomovtseva, Esso, 21.09.2014

1 (This is) an old Even apron, my late Mama sewed it.
   She gave me that apron,
   to wear in memory of her.
   They embroider the apron in various ways, then they make it,
5 They embroider it in the Even way,
   they call it *ereche*.
   This embroidery is made from reindeer neck hair, so it is embroidered.
   They dye it, they smear it with alder bark.
   Clay, there is red clay.
10 They boil this mixture, then the color turns red.
   Then they do this, slather this reindeer neck hair,
   soak the reindeer neck hair, then they dry it.
   They keep this for embroidering, and they also embroider with white.
   Then red, there is also another (color), such as blue.
15 In Even there is the term "they make it blue".
   With the blue color it comes out beautiful.
   They smear it, then they embroider it on suede.
   That embroidery has been on Even parkas for a long time.
   The embroidery from the reindeer neck hair they call *ereche*.

---

1 Эвенкийский фартук старинный, мама покойная сшила.
   Этот фартук мне дала этот, как говорят,
   носить вместо нее-это память.
   Фартук вышивают разнообразно,
5 затем это делают, вышивают по-эвенски,
   говорят название «вышивка».
   Это вышивка оленьим подшейным волосом, вот вышито.
   Окрашивают, ольховую кору смешивают,
   Глиной, бывает глина красная.
10 Такую смесь кипятят, затем краска станет красной.
   Это затем делают, мажут этот подшейный волос,
   замачивают подшейный волос, потом делают, сушат затем.
   Это хранят для вышивания, вышивают еще белым.
   Затем красный, другое бывает это, как же синий.
15 По эвенски это бывает название синее делают.
   Из цветка синего, красиво бывает из него.
   Делают мазанку, затем вышивают по ровдуге.
   Это издавна бывает на эвенских парках вышивка.
   Вышивка подшейным оленьим волосом называют вышивкой.

«Кочевка видно очень на снегу»
(продолжение)

ELC3-02_5.6 ‖ 20 › 35:56 ‖ 25 › 36:21 ‖ 30 › 36:54 ‖ 35 › 37:16

20 Табч эрэвэ-ши гɵвэттэ ивлечэ эртэки,
 ивлечэ эрэк оран иштукун
 Кɵченне уӈкэкэнгэл ильбикинду тарав уӈӈɵттэ
 Эшивэттэ эррочинэч уӈэч аӈнач краскадавур гɵвэттэ.
 Тараӄ «кэкуй, кэкуй» гэрбэн тараӄ эррочинни краскача.
25 Оран ишшон нилгиттыдюр краскаватта, кэкуй уӈэч.
 Болгитнюн аммотта оран ишшон нэвэттэ.
 А дюлле тараӄ болгитла болгитат эчин уӈдин.
 Чушчин эшивэттэ, нян табч эр уйгич,
 нян яллач эшивэттэ яллач оратту дуруттидюр, орат ялладин.
30 Нян эшивэттэ умэнэльки.
 Нян нэвэттэ, нян ар оваттан аӈна эррочинни эр.
 Долин нян эчин уӈдэн ичубгэн бидэн.
 Тикэкрэдюр, эчин минэвэттэ уӈкэкэнэч эчин.
 Нян эртэки долин ивкэвэттэ, тэми гэрбучɵттэ, эрэк «ивлечэ»,
35 эрэк эчинтэ-ттэ бидин ивлечэ-ттэ-дэ, гэрбэн, «ивлечэ».
 Табч эрэк эшичэтэн тачинта-да.
 Эррочин дюлле аӈна бишин, эрэкэ-ши эшъиритэн-дэ уӈэч.
 Дуктэч, он-ӄа гɵнив онявӈан амнидюр, нян эчин.
 Уӈнэ ильбикиндулэ бидэн, кɵчэллекэкэн тоненькая,

226

20 Then, they say, this is a ribbon so here,
this ribbon is made from reindeer skin.
They cut out small thin strips from the skin.
They dye this with black color.
This is *kekui*, the name of this color.
25 They remove the hair from the reindeer fur and dye it with *kekui*.
They mix it with dwarf pine and put it on the reindeer skin.
First, they take the resin, the bark from the dwarf pine.
They smear it with resin, then on top,
then they smear it with charcoal, straw char.
30 Then they dye it evenly.
Then they put it aside until the red turns black.
Inside, they put it together so that it becomes visible.
They perforate it and cut it like this with a knife.
Then, inside they tie it, therefore its name *ivleche* (ribbon),
35 this will also become a small ribbon,
they also smear it.
In the beginning, it was first black, they dyed it with alder to make a
   drawing.
(With) alder, they say to make a drawing, to label it.
This will be very tenuous,

---

20 Затем вот это говорят продежка вот так,
продежка сделана из оленьей кожи.
Мелкие тонкие полоски из кожи вырезают.
Окрашивают такое это черной краской говорят.
Это «кэкуй, кэкуй» название этой краски.
25 Оленью шкуру облысивают, окрашивают, кэкуй так.
Кедрач смешивают, оленью шкуру кладут.
Вначале это кедрача смолу, снимают кору.
Смолой мажут, затем сверху,
затем углем мажут, уголь женной соломы, соломенным углем.
30 Затем красят ровно.
Потом складывают, затем это крашенное станет черным, как это.
Внутри затем это заталкивают, чтобы видно было.
Продырявят так режут ножичком так.
Затем вот внутрь продергивают, поэтому название, это «продежка»,
35 это тоже будет продежка, название «продежка».
это тоже мазали так же.
Вначале сперва черное было, это-то красили этим,
Ольха, говорят как для создания рисунка, обозначать.
Это тоненькая будет, меленькая тоненькая,

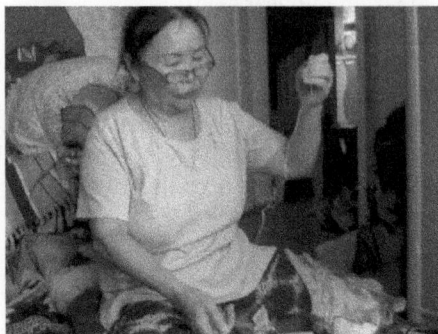

«Кочевка видно очень на снегу»
(продолжение)

___

ELC3-02_5.6 ‖ 40 › 37:48 ‖ 45 › 38:12 ‖ 50 › 38:52 ‖ 55 › 39:14

___

40 тоненький шкура уӈдин кожа.
Нян эчин минэкэччӧттэ алладин кӧче-е-ллекэкэнди.
Нян тар долин-та-да ивкэн эчин эр, нян гӧвэттэ эр
ивлечэнтэ-дэ, эрэк ивлечэ бидин.
Табч долин эр чагич тоже ивкэн-кэ-дэ эчин эртэки эр,
45 тоже эрэк эйду эчинэ-ши ивлечэ.
Эрэк гӧвэттэ эчин-тэ-дэ, уӈчэтэн унтэ-дэ гэрбэнтэн ивлечэ, тарма
уже арқаватта
эчин инмэч аӈаннотта томкичадюр уӈэч умэч.
Ильбикэнкэкэн эчин инмэ бидэн, инмэч аӈаннотта.
Нян эрэкэ-ши гэрбэн, гэрбэнэ-ши эрэк уӈэлькэр «дэвэчэ».
50 Дэвэчэч нян эчин аӈанқатта, чэлэн дэвэчэӈэтэн,
бивэттэн нёбатитта-да бивэттэн, бивэттэн дэвэчэӈэтэн нёбати.
Нулэне-дэ бивэттэн дэвэчэӈэтэн,
табч аӈна бивэттэн ичубгэн бидэн, аич ичувэттэн.
Табч нян эчин эрэли унэт уӈӈӧттэ.
55 Нишаввотта нишач, илқан ниша бивэттэн.
Нишала-ши бивэттэ эрэк аӈны-тта уӈӈӧттэ нёбатинун,
табч эр-кэ чулбанят-та, чулбанявгал эрэк гӧвэттэ.
Эрэк гэрбэн бидин чэлэди уӈчэ ивлечэ эрэчэ,
эрэчэ ивлечэ ӈӧеллыч.

40 they make the skin from fine furs.
Then they cut this finely and accurately.
Then they tie it inside, here.
This will be a ribbon.
Then from the inside they tie it,
45 all this is also the ribbon.
Another ribbon is made, but already sewn,
so they sew with the needle with twirly (reindeer back) tendons.
It will be a fine needle, they sew with a fine needle.
Then for this the name is *develeche*, for adornment.
50 Then they sew on the white skin, always on white skin,
it is whitish, it is white skin for adornment.
There is also red to make an adornment.
Then there is black so that it becomes visible, it is well visible.
Then again they do more around it.
55 They embroider with beads, there are beads of good quality.
There are black beads, then white,
then these here are blue.
This is all made from ribbons,
this embroidery from reindeer neck hair.

---

40 из тоненькой шкуры делают кожу.
Затем вот режут разрезают аккуратно меленько.
Затем продергивают внутрь вот так, это говорят
Продежка, это продежка будет.
Затем изнутри вот продергивают, вот так это,
45 тоже все это продежка.
Это говорят так же, сделано другое продежка, только уже прошито,
так иголкой прошивают оленьим скрученной жилой.
Тонкой этой иголкой будет, иголкой шьют.
Затем это же название, название же так «дэвэче» для декора.
50 Кожей белой затем шьют, везде белой кожей,
бывает беловатым, бывает, бывает кожа белая для декора
Красное тоже бывает, для создания декора
Затем черное бывает, чтоб видно было, хорошо видно.
Затем опять так вокруг еще делают.
55 Вышивают бисером, качественный бисер бывает.
Бисер-же бывает это черным затем белым,
затем вот-же синим, синий это говорят.
Это название все сделано из продержки,
вышивка оленьим волосом.

«Кочевка видно очень на снегу»
(продолжение)

ELC3-02_5.6 ‖ 60 › 39:40 ‖ 65 › 40:03 ‖ 70 › 40:23 ‖ 75 › 40:56

60 Эрэкэ-ши бидин нишавча.
  Нишаввотта-ши эчин нишач, ниша бивэттэн эррочинни,
  анна-да бивэттэн, нёбати-да бивэттэн, чулбаня-да, бивэттэн.
  Чулбаня тарақа-ши ичудэн эр нянин.
  Няниндулы бишив-кэ унңөттэ адун-да.
65 Унңөттэ чулбаняв гөвэттэ тарав оқат-та бидэн.
  Иле-ккэ анна унэн нёбатинун тараққа-ши орал-да,
  гирқаргарадатан, орал гирқадда эрэк.
  Орал унэддэ нулгэддэдэвур.
  Эррочинни уң эрэчэтэн.
70 Бивэттэн эр орал орочил нэллетэн,
  табч ичувэттэн тарақ эсобэдит тарақ орамңа нэллен.
  Эрдэвэнэ-ши элэ эш унңөттэ эрэвэттэ нишаввотта.
  Табч эр көетти ңоеллыч эрэчэтэн тэргэшли.
  Эрэк бидин нёбати, табч чулбаня бидин тар-қа.
75 Гөнчэв-кэ нөчэдук-кэ чулбанядук унчэдюр эшичэдюр.
  Тар мулэнэ-дэ ңөелле эр,
  эчин эр эрэчэ эрэк ороттыч.
  Эрэчэ «ңөелли» гэрбэн эрэчэ «вышивка» ораттыч.
  Нян уңдин эртэки эчин эрэчэтэн нянда нян ичун.

230

60 This will be a beaded embroidery.
They embroider that with beads, which beads,
there will be black, white, and also blue.
There one can see blue, here is the sky.
Sometimes they (the blue beads) stand for the sky.
65 When they use blue, it signifies rivers.
Where they use black with white, these are reindeer,
while they walk, reindeer walk there,
reindeer.
That is this embroidery.
70 There are reindeer on Even aprons,
then one can see immediately that it is an apron from reindeer people.
Below there is an embroidery with beads.
Then you can see an embroidery from reindeer neck hair on suede.
This will be white, and this blue.
75 I mentioned that a color compound is made from a blue flower.
Here is beautiful reindeer neck hair,
this is an Even embroidery.
Embroidery from reindeer neck hair they call in Even *ereche*.
Then again towards the side, as here the embroidery can be seen.

---

60 Это же будет бисерная вышивка.
Вышивают же это бисером, бисер бывает таким,
черный будет, белое-же будет, синее-тоже, бывает.
синий это-же видно вот небо.
На небе бывают иногда.
65 Делают синим говорят это обозначают реки.
Где же черное сделают с белым, это же олени,
идущие, олени идут это.
Олени
такая это вышивка.
70 Бывает это олени на эвенских фартуках,
затем видно это-же сразу-же это оленных людей фартук.
Низ-же, понизу здесь бывает вышито бисером.
Затем вот видно вышито оленьим волосом по ровдуге.
Это будет белое, это затем синий это.
75 Говорила из цветка синего сделана краска-мазня.
Вот красивый олений волос,
вот так вышито это эвенское.
Вышивка оленьим волосом называют по эвенски «эрэчэ»
Затем опять в сторону, вот так вышито видно.

«Кочевка видно очень на снегу»
(продолжение)

ELC3-02_5.6 ‖ 80 › 41:18 ‖ 85 › 41:43 ‖ 90 › 42:07 ‖ 95 › 42:29

80 Орал гирӄачатан, орал эр гирӄадда орал.
   Чёрно-белый, белый, табч чёрный аӈна.
   Табч ичувэттэ-ккэ, орал-ӄа ичувэттэ.
   Аӈнил-ӄа орал бивэттэ, орал бивэттэ, бивэттэ нёбатил тар
      гилталаддётта.
   Тэми эчин гөвэттэ, орал эр гирӄадда орал.
85 Эрэк уӈчэл, орал-та-да бидин эчин эр.
   Табч чулбаняӈатан ичушнэнэ-ши,
   эрэк оӄатаӈалтан-да бидин-кэ иле-ккэ.
   Табч эр-кэ чулбаня эрэк ичудин уӈэ.
   Нянин-да ичудин, табч нулэнешукэн-дэ бидин.
90 Эртэки тараӄа-ши бидин, нюлтэн-дэ эртэки ичун.
   Табыч эрэкэ-ши рисунок унэт бидин орал уӈэтэн,
   дорога отарантан эр бидин эр.
   Эрэв гөвэттэ «ӄоӄчалыӄалши» экит будэлэтэн-дэ,
   ӄоӄчалы, будэлэг бутэлэгчэ эрэк бидин.
95 Ичудин эртэки будэлэтэн эр ичун.
   Орал гирӄадда орал орал.
   Эргидэткин будэлэтэн эр будэлэгчэ бидин.
   Орал гирӄадда, көенни, иманнаӈатан-да бинни.
   Тар нянин-да бинни, нюлтэн-дэ бинни, нюлтэн эйду.

232

80 The reindeer walk, as here the reindeer walk.
Black-white, white and then again black.
Then you can notice them, the reindeer.
There are dark reindeer and white reindeer.
Therefore they say that reindeer walk here.
85 That is made, so the reindeer will be here.
Then again blue,
there is a river.
As it is blue, it becomes visible.
The sky can be seen, then it turns red.
90 From here one can already see the sun.
Therefore this drawing shows reindeer,
how it becomes a trail.
They say that it is difficult for their legs,
difficult for the legs.
95 From here the legs are seen.
The reindeer walk.
Here the legs are marked.
The reindeer walk, look, there is already snow.
Here is the sky, there is also the sun, everywhere.

---

80 Олени идут, олени вот идут олени.
Черно-белый, белый опять черный, черный.
Затем видно-же, оленей-же видно.
Черными бывают олени, олени бывают, бывают белыми, вот белеют.
Поэтому это говорят олени вот идут, олени.
85 Это сделано, олени тоже будут вот так.
Затем опять синий видно-же,
это речка у них будет где-то.
Затем это же синий, это видно будет.
Небо же видно, затем красный будет.
90 Вот сюда, это же будет солнце вот тут видно
Затем вот этот рисунок еще будет оленья как,
тропа вот это будет.
Это говорят с «сложный» очень ногам,
сложно ноги обозначены вот вот будет.
95 Видно сюда ноги вот видно.
Олени идут, олени олени.
Вот сюда нога вот обозначена нога.
Олени идут, видишь снег еще есть.
Вот небо есть, солнце тоже есть, везде солнце.

«Кочевка видно очень на снегу»
(продолжение)

ELC3-02_5.6 ‖ 100 › 42:49 ‖ 105 › 43:15 ‖ 110 › 43:50 ‖ 115 › 44:18

100 Оқатаңашан нөчэ нөчэлле нөчэлбэддэ-дэ эр.
Тэми эрэк гэрбучэт эр нулгэддывун ичукэнчэтэн.
Эрэк бидин «будэлыгчэ» гэрбэн, будэлэгчэ эрэк, гэрбэн бидин.
Нян тачин таррочин уң бивэттэн.
Табч эрэкэ-ши гөвэттэ эртэки эр уңэльбутэн.

105 Эрэк уңдэтэн эдэтэн яв-да эртэки дэвумэттэтэн.
Эртэки яқ-та бутэккэкэттэ яв-да кэнеликэкэн-дэ,
эрэк уңэтэн ңэлукэчилдывунтэн ңэлукэчилдывунтэн.
Эртэки гирқарақатан эчин.
Эрэк титэль илқан мин-дэ ачча бишэку аңанчатан.

110 Тарма би эртэки мэнкэн-дэ аван-да аңанқаттиву умнэкэн, нянда,
уңэддёттэм таққаддёттам.
Ай бидэн, эдэн агдын агдын од.
Табч, эрэк гя эрэк уңэн нылин бидин,
нылин эрэк ат уңэн эюмкэкэн эюмкун.

115 Ай бидин-тэ-дэ. Элэ эрэттэн-тэ-дэ оротты эрэчи, көен.
Эрэк эрэчэ уңэт-тэ-дэ ңөелич эррочин.
Ичукэттэ эр-кэ эр эрье-е-лэ уңэн ңи.
Эрэк бидин уңэтэн нянинңатан, табч гилталадда тар,
орал гилталадда, иманнал иманнаңатан-да ичун.

100 The creek, flowers are blossoming, there is also grass.
Therefore they call it the (reindeer) migration.
The name for "leg" is *budelygche.*
Then, what is this.
Then they say it is done to here.
105 This is done so that it is blown away from you.
From here any illnesses and also (anything) bad,
it is like scaring them away.
Here they are walking.
This parka was sewn when I wasn't yet around.
110 I have only sewn some there myself, patched,
restored them.
I make it so well that it doesn't get old.
Then, this will be another apron,
a light, very light apron.
115 Also good. Here the Even embroidery is seen.
This embroidery is also made from reindeer neck hairs.
It is shown here and there.
This will be the sky, then it is light there,
the reindeer become white, and one can see the snow.

---

100 Речка, цветы цветут, травы тоже вот.
Поэтому это называют кочевкой показано.
Это будет «нога» название от ноги это, название будет.
Затем так вот это есть.
Затем вот говорят сюда так сделано.
105 Это сделано, чтоб от тебя сдувало.
Отсюда всякие болезни также плохо,
это как отпугивающие, отпугивающие.
Сюда идущих так вот так.
Эта парка сшита, когда меня еще не было.
110 Только я сюда сама некоторое сшила, ремонтировала,
делаю реставрацию.
Хорошо делаю, чтобы не постарела.
Затем, вот другой, этот фартук будет,
фартук это легкий, легонький.
115 Тоже хороший. Здесь вышивка эвенов вышита, видно.
Эта вышивка тоже оленьим волосом таким.
Показано вот тут вот здесь.
Это будет небо их, затем белеет там,
олени белеют, снега снега видно.

«Кочевка видно очень на снегу»
(продолжение)

120 Орал гилталадда, нянин, няниндук көечиддэ таргич эчин.
    Эрэккэль уӈ дэвэчэч уӈчэ нодыкача эртэки нод бидэн.
    Эртэки онятыӈатан гөвэттэ «онятыӈ».
    Эрэк тачинта-да уӈчэл-тэ-дэ эрэк эрэчэ.
    Эрэк «орон». Гилталлан уӈэтэн уӈнэ эркэр уӈ.
125 Он-ка гөвэттэ эр, иманнала ичун иманнала ичуддэ-дэ.
    Ороттыт-та-да ороттыт эрэк аӈанча эрэк.
    Эрэк эгде агды агдыӈчагты-да.
    Тарма би уӈэддёттэм.
    Экму уӈгаку уӈчэн тэтигэку бөчэн.
130 Эрэк көенни, титэлерэпэӈтэн-дэ орочил уӈэӈэтэн, көеш.
    Эрэк «унука» эрэ, унука уӈдук муннукан.
    Ундук уӈӈөттэ нуккотта.
    Няна-ши умиччөттэ уӈдэн эррочинни.
    Мулэне одан, краскала умиччөттэнтэ-дэ нулэнелэ.
135 Он-ка гөвэттэ тар, красками гөвэттэ-дэ тачин.
    Онятыӈ одан нодыка, нодыкав одда-да уӈӈөттэ.
    Умиччөттэ дульгэтлэ эчин уӈчэдюр чултардан умивэттэ.
    Тарака-ши оивӈа аммотта уӈэӈур дуктэӈур.
    Нян умиччөттэ тала тарав муннукан актон,

120 The reindeer are becoming white, it can be seen from the sky there.
This is a mosaic from skin so that it will be beautiful.
This here they call "drawing".
This is also made like an embroidery.
This reindeer becomes white.
125 As they say, on the snow it is visible, on the snow it becomes apparent.
This is sewn in the Even way.
This is the most ancient one.
I only restore it.
Mama gave me this parka.
130 You see, an old Even item.
This fur trim is from hare.
From a hare paw they take the fur.
Then they soak it so that it becomes like this.
It turns red, they dyed it with red color.
135 They dyed it.
The drawing becomes a mosaic.
They soak it with alder so that it is completely saturated.
This compound they mix with alder.
Then they soak this hare fur, from the hare paw,

---

120 Олени белеют, небо, с неба видно оттуда так.
Это то кожаная мозаика, чтоб красиво было.
Сюда рисунок говорят «рисунок».
Это так же сделано как вышивка.
Это «олень» белеет что то вот это.
125 Как говорят это, на снегу видно на снегу виднеется.
Эвенское. По эвенски сшито это. Вот.
Это самое старинное.
Только я реставрирую.
Мама это эту парку подарила.
130 Это видишь, старинная эвенская вещь, видишь.
Это опушка вот, опушка как заячья.
Из лап зайца мех снимают.
Затем замачивают, чтоб таким стало.
Красным стало, в краске замачивают красной.
135 Как говорят вот, окрашенное говорят так.
Рисунок будет мозаика. Мозаика.
Замачивают в ольхе, что бы полностью пропиталось замачивают.
Эту же смесь смешивают с ольхой.
Затем там замачивают этот заячий мех из лапки зайца,

«Кочевка видно очень на снегу»
(продолжение)

140 муннуҟан, из лап зайца вытаскивают вот эту шерсть,
то есть кожицу снимают и кладут в красящий раствор ольхи и
    глины красной.
Титэльтэ-дэ илҟан титэле-е уҥчэ эрэк эрэчэ,
нисавча, нисами нисав гөвэттэ «нисами».
Эрэк нишавчав гөвэттэ эрэк уҥҥон,
145 эрэк тачин ичукэттэ-дэ.
Эр будэлэгчэ-дэ эртэки бидин.
Табч эрэкэр эчин-дэгэл.
Эртэки бидин, эрэк сложный бидин, эрэк ҟоҟчилаҟагча.
Значит, ҟоҟчалы, трудный путь,
150 но он очень хороший сохранности, сохранились, и стада оленей,
хоть и был долгим путь и снег был,
и это сопутствовало всё успеху.
И, эрэк эчин бивэттэн эртэки, эр ичукэттэ-дэ,
уҟал уҥэччэтэн нулгэччэвутэн эчин ичукэччөттэ.
155 Эртэки, эртэки эр бидэн, эрэк будэльдигэтэн,
эрэк орал гирҟадда, көешь, аҥнал аҥнал-да бивэттэ.
Нёбатал-да бивэттэн, эрэк чэлэдюр пространства ичувэттэ,
чулбаллоттан-ҟа няниндуҟ-ҟа тар.

238

140 hare, from the hare paw they remove the fur,
that means they remove the little hide and lay it in red alder liquid.
A very long time ago this embroidery was made,
with beads, they call this bead embroidery nisami.
They make this bead embroidery
145 so that it is to be seen like this.
The legs will be as here.
Then they make it like this.
It will be from here, this will be difficult, this has been difficult for a
   long time.
That means, a long tough journey,
150 but with very good protection, they are protected, the reindeer herd,
Although it was a long way and snow was falling,
everything went along successfully.
And, this is what is shown here,
they show again the migration that was undertaken.
155 Here it will be, these are the legs,
these are reindeer who walk, you see, they are black.
There are also white ones, it is seen as they all wander around,
and even the blue from the sky.

---

140 заяц, из лап зайца вытаскивают мех,
то есть кожицу снимают и кладут в красящий раствор ольхи и
   глины красной.
Давно очень давно эта сделана вышивка,
бисером, бисерная вышивка называют «нисами».
Эту бисерную вышивку говорят это делают,
145 это так видно.
Вот ноги сюда будут.
Затем это же так делают.
Отсюда будет, это сложно будет, это сложно долго.
Значит долгий трудный путь, дорога,
150 но он очень хороший сохранности, сохранились, и стада оленей,
хоть и был долгим путь и снег был,
и это сопутствовало всё успеху.
И, это так бывает сюда, вот показано,
опять сделано кочевка вот показывают.
155 Сюда, сюда вот будет, это ноги,
это олени идут, видишь, черные-же бывают.
Белые – то же бывают, это все пространства видно,
синее то же от неба вот.

«Кочевка видно очень на снегу»
(продолжение)

ELC3-02_5.6 ‖ 160 › 48:41 ‖ 165 › 49:16 ‖ 170 › 49:42 ‖ 175 › 50:18

Ичун эйду чтобы нулгэччөттэн эрэк нулгэ.

160 Нулгэ унтэнун ичунэнтэ-э илқан-да иманнули-да,
турли-дэ, уңны-дэ давқатты-да оқашшигли-да ңэннэ.
Тэми чэлэн эчин қоқчили оваттан, сложный путь, аи.
Для того, чтобы был путь легкий, почему вот красят именно заячий
  пух,
это для эвенов тоже имеет значение для лёгкости,

165 для того чтобы куда-то поехать, или перейти на удачу.
Ай бидэн, аит нулгэддэвур,
улэвэтту эртэки муннуқан уңчэмэн инңатчаман,
төрэникэкэн, эмникэкэн, аит-та ңэнэддэкун.
Тачин тар гөвэттэ, нян аит-та ңэнэддёттэ.

170 Экму авай бишин эрэк эчин аңаналан бишин, көевэтту.
Эрэккэль би мэнкэн уңэшчиччэву,
нодықасчиччэву, ай уңдэн эдэн амнақ уңнэ, он-қа гөвэттэ,
эдэн амнақ обдан, эдэн-дэ нашамна.
Табч гөвэттэ эрэв эрэк тэти унтэ тэти эрэк, дукты тэти.

175 Эрэк илқан иштук эрэк эрэштук,
онңачанңишуқан уң бидэн, эюмкун бидэн, гирқалми.
Эрэк унтэшукэн эр аңануттан.

240

Everything is seen, as they migrated, it is the migration.
160 The migration with others is seen well against the snow,
on the ground, there is also the crossing over a river.
Therefore, all this is difficult, a difficult, arduous journey, (with a) good
    (end).
So that the journey will be easy they decorate hare fluff,
which has a (particular) meaning for Evens, for ease,
165 for when one is traveling somewhere, it should bring luck.
(So that) it will be good, the migration,
they throw a tuft of hare fur aside,
and whisper to themselves that the journey will be good.
They say it so that they will migrate well.
170 Mama was a good seamstress, you can see how she sewed, it's visible.
I myself am a seamstress,
the mosaic, so that it will be good, that it will not tear immediately,
not get old right away, so that it will not tear.
Then they say, it is a completely different parka, a dyed parka.
175 This is a very light fur,
sewn so that it will be light.
It is sewn in a different way.

Видно все, чтобы кочевали, это кочевка.
160 Кочевка с другими видно очень на снегу,
земле, там-же переход через реки.
Поэтому все это сложно бывает, сложный путь, хороршо.
Для того, чтобы был путь легкий, почему вот красят именно заячий
    пух,
это для эвенов тоже имеет значение для лёгкости,
165 для того чтобы куда-то поехать, или перейти на удачу.
Хорошо будет, хорошо кочевать,
бросают в сторону заячий щепотку шерсти,
приговаривают шепотом хорошего нам пути.
Так говорят, поэтому хорошо кочуют.
170 Мама хорошая мастерица было вот видно так сшила, видно.
Это то я сама мастерица,
мозаику, хорошо что было, не сразу рвалось,
не старело сразу, что бы не порвалось.
Затем говорят этот эта парка, другая совсем парка, окрашена парка.
175 Эта очень шкура легкая,
сшито чтоб легкой была, при хотьбе.
Это по другому сшито.

«Кочевка видно очень на снегу»
(продолжение)

ELC3-02_5.6 ‖ 180 › 50:47 ‖ 185 › 51:15 ‖ 190 › 51:51 ‖ 195 › 52:22

Эрэк муткидэмңэл, он-ҟа гөвэттэ-ккэ,
эшни илҟан горбич аңаначча аңаначча.
180 Итиҟагча.
Эйду эрэк гөвэттэ «личико», лица людей.
Итиҟагча.
Эрич итичантан көплэчиддэ-дэ, оҟаңчидда-да.
нулэне биш уңдуҟ чулбанядуҟ, табч эр-кэ.
185 Уңэтэн ичун, көенни, эр аит биддэ эрэ.
Көешь, эйду нулэнет-тэ уңэттэ, эрэк нулэнеч.
Орачил аяввотта, нулэне ичувэн бидэн. И-и.
Табч эрэв гөвэттэ «умңурур», «умрун» гөвэттэ эрэв.
Эртэки уңдэн гирҟалми эртэки яҟ-та төрэн, дэвумэттэн эдэн уң
    бишэ.
190 Эрэвгэль гөвэттэ «тукэрэндэчэ».
Тукэрэндэчэ эчин эр бивэттэн.
Аңна табч нёбати иштук эчин уңңөттэ минэвэттэ.
Нян нодыҟаватта кимэндэлэвур, нод бидэн.
Нян эчин уңҟэттэ гирҟаччотта нодач уңэч чургутыт-та,
195 ичувэн бидэн, умэнэльки умэнэльки ичувэн бидэн.
Чуритҟаҟан эйду эчин тулькэччөттэ нод бидэн,

242

These are ours,
not very durably sewn.
180 This will be a small face, many faces, like a face.
It expresses a face, they say a small face, a human face.
It symbolizes a face.
It is a face of dancing, of joyful people.
There are red ones, green, then here.
185 It can be seen, you see, they live well.
You see, everywhere is red, even here is red.
Evens like red, it can be well seen.
Then this they call *ummurun*.
When you go from here with an evil eye it will be bad.
190 This they call *tukerendeche*.
Plain black and white are sewn in front of the clothing.
Black, then white, they cut fine straps from reindeer fur.
Then they sew it on the breast of the parka so that it will be beautiful.
Then they cut it even and beautiful
195 so that it will be clearly visible, identical, so that it will be seen.
They sew necklaces everywhere on the coat that it will be beautiful,

---

Это наши, как говорят,
не очень ноское сшито, сшито.
180 Лицо изображено.
Все это говорят личико, лицо людей.
Лицо изображено.
Это лица танцующих, радостных.
Красных есть, зеленое, затем вот же.
185 Видно, видишь, вот хорошо живут вот.
Видишь, везде красное, еще вот красное.
Эвены любят, красное хорошо видно. И-и.
Затем это говорят «уммурун», «уммурун» говорят это.
Отсюда когда идешь от вас плохое, сглаз, отлетало чтоб плохое
было.
190 Это-то говорит «тукэрэндэчэ».
Плоское черно белое спереди пришиты на одежде.
Черное затем белое, из оленьей шкуры тонко полоски режут.
Затем пришивают к груди парки, чтоб красиво было.
Затем так разрезают кроят ровно красиво,
195 чтоб четко видно было, ровно одинаково, чтоб видно было.
Бусы пришивают везде по подолу чтоб красиво было,

ELC3-02_5.6 ‖ 200 › 52:52

гирқарақатан эчин уңдэн оқ-қа бивэттэн-кэ оқ.

Ярминкадиллотта-ка, ярмарка бишэкэн, орамңал-қа яядиллотта,
а гонки праздника оленей называется,

200 по-эвенски «эедеқ», «эедеқ».

Эедеқтэки уррөттэ титэль,
аймақан нодыч тэттидюр чэлэдюр бэил-дэ, ашал-да,
нодыч тэттөттэ, аңаннотта ойгавур нодыч, аниналдывңавур.
Тачин тар бивэттэн тар.

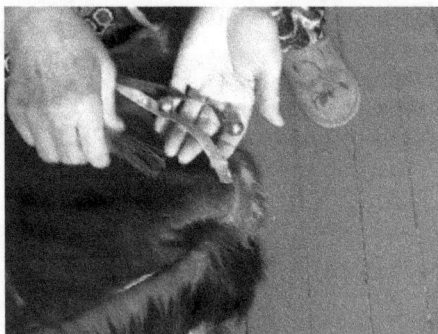

when walking they jingle, so it is.
At the fair, when there is a fair reindeer herders compete with each
    other,
there are festive reindeer races,
200 in Even *eiadiak*.
At earlier competitions long ago,
everyone, men and women dressed themselves beautifully with great
    care,
they dressed beautifully, (for this) they sew beautiful festive clothing,
So it was.

при ходьбе позвякивают, так же бывает.
На ярмарке, ярмарка бывает оленеводы эядиллоти – соревнуются,
а гонки праздника оленей называется,
200 по-эвенски «эядяк», «эядяк».
На соревнования раньше давно,
тщательно красиво все одевались мужчины, женщины,
красиво одеты, сошьют красивую одежду, празднично.
Так вот было это.

Обувь и шапка
Footwear and fur caps

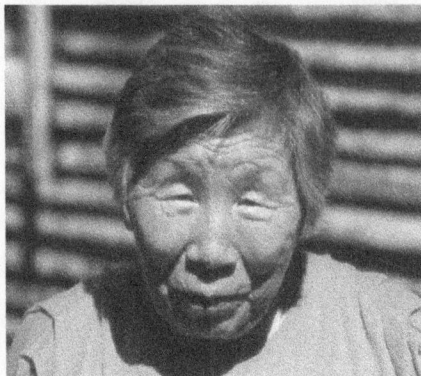

Adukanova,
Mariia Konstantinova

Esso, 24.02.2000

**Адуканова,
Мария Константиновна**

«Сейчас нет оленей, какую обувь будете носить»
М.К. Адуканова, с. Эссо, 24.02.2000

ELC3-02_6.1 ‖ 1 › 00:17 ‖ 5 › 1:05 ‖ 10 › 2:31 ‖ 15 › 3:17 ‖ 20 › 3:36

1   Вот ещё дырка, эту дырку зашью и всё.
     Подошву поставлю, и всё закончу.
     Сейчас нет оленей, какую обувь будете носить.
        [Час оран-да ачча одын, яч унталатчиш.]
     Нет камусов [Ошал-да ачча],
5   всё, если умру, не будет у вас обуви.
        [всё, если би кӧкэдим, ачча унташан один].
     Камуса твёрдые, сморщенные [Твёрдые, ӄотыӈи].
     Надо чижи сшить тогда [Нада дотӈан няна].
     Мездру снимаю, потом вот оленьим пометом мажу,
     так делаю, чтобы шкура мягкой была.
10   Потом у меня для обработки шкуры есть два вида:
     камень и железный скребок.
     Всю мездру снять надо, тогда будет шкура мягкой.
     Вот эта шкура копченая, чтобы не промокала.
     Вот эту мездру сниму всю,
15   вот так помну и она будет мягкой, ещё раз,
     надо несколько раз мазать и мять, мять,
     тогда шкура будет мягче.
     Это я буду себе тарбаза шить.
     Вот эта – заготовка первая,
20   шкуру надо мять до конца.

248

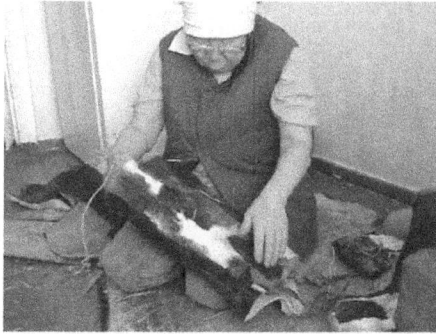

"When there are no reindeer, which shoes will you wear"
M.K. Adukanova, Esso, 24.02.2000

1 Here is still a hole, this hole I will sew up, and that's all.
   I will set in the sole and finish it all.
   Now, there are no reindeer, which shoes will you wear?
   No reindeer leg skin,
5 that's all, if I die, you will not have shoes.
   (These are) stiff reindeer leg skins, wrinkled.
   Then I have to sew inner shoes.
   I remove the flesh side, then I smear it with reindeer excrement.
   I make it so that the skin will be soft.
10 Then I have two ways to process the skin:
   a scraper with a stone and with a metal blade.
   One must remove all the flesh layer, then the skin will be soft.
   This skin was smoked so that it would not leak.
   I remove all this flesh layer,
15 I mill it like this here and it will be soft, again.
   One has to smear it several times and to mill it,
   then the skin becomes soft.
   From this I will sew boots for myself.
   This is the first preparation,
20 the skin must be milled to the end.

«Сейчас нет оленей, какую обувь будете носить»
(продолжение)

ELC3-02_6.1 ‖ 25 › 4:04 ‖ 30 › 4:25 ‖ 35 › 04:55 ‖ 40 › 5:18 ‖ 45 › 5:46 ‖ 50 › 6:24 ‖ 55 › 6:55

Всё сделаю, тогда уже начну шить.
Вот с этой шкуры тоже первоначально сниму мездру,
потом оленьим помётом намажу,
потом опять как я показывала, выделаю,
25   потом, когда мягкой станет,
кору дуба, воду, пепел,
который на дереве растёт гриб,
тутовик его сжигаю.
Вместе всё смешаю и намажу шкуру.
30   А потом, когда намажу,
шкуру заверну, вся она пропитается.
Потом опять начну всё это долго выделывать.
Сошью, надо чтобы мягкой шкура была.
Это Ивану Ивановичу заказ, рыбакам,
35   длинные, они тоже отдельно красятся,
чтобы крепкие были завязки, вот эти вот,
они у меня немножко твёрдые.
Когда начнут завязывать, они мягкие станут,
чтобы красиво было.
40   Вот так вот завязывается,
вот так завяжешь, чтобы не снимались, и всё.
Раньше из оленьих сухожилий делали,
сейчас нету оленьих, нету же оленей-то.
Не из чего делать.
45   Поэтому мы решили вот такие плести.
Да, начнёт ходить они мягкие станут.
Спокойно, когда не хватает чего-нибудь, долго шьётся.
Я вот это так делаю, чтобы плотно легло,
ещё дырку зашью, и всё,
50   подошву поставлю и будет готово.
Какой размер он носит, не знаю [ашапар].
Вот это вот только кроить.
А это шкуру выделывать – камни, разные есть:
каменные и железные.
55   Дядя Вася с Паланы привёз вот это вот,

250

When everything is done, I begin to sew.
I will first of all remove the flesh layer from this skin,
then I smear it with reindeer excrement,
then again, as I have shown you, work on it,
25 then, when it becomes soft,
tree bark, water, ashes,
from a fungus that grows on trees,
this birch polypore, I burn.
Then I mix everything and smear the skin.
30 And then, when I smear,
I will wrap the hide so that it will be entirely soaked.
Then I begin the long work to prepare everything again.
I will sew, the skin must be soft.
This is an order by Ivan Ivanovich, a fisherman, long ones,
35 they will also be separately dyed
so that the straps will be strong, these here,
those which I have (here) are a bit stiff.
When they are tied, they become softer
so that it will be beautiful.
40 So here they are tied,
so you tie them so that they don't come loose, and that's all.
Earlier they made them from (reindeer back) tendons,
now there are no (more) reindeer.
There is nothing to do (about this).
45 Therefore we decided to twist these.
Yes, once you walk with them they will become soft.
One sews calmly a long time, if something is missing.
I make this so that it would lie densely,
I will sew another skin, and that's all,
50 I will set in the sole and it will be ready.
Which size it is, I don't know.
So you cut.
And this skin is processed with a stone (blade), there are different ones:
(made) from stone and from iron.
55 Uncle Vasia from Palana brought this here,

251

«Сейчас нет оленей, какую обувь будете носить»

(продолжение)

замочу, мокрый когда будет, поставлю сюда, лахтак.
Лахтак привёз из Паланы двоюродный брат.
Может тот, который у тебя, (лахтак для подошвы лучше
   [тараӄ ай бидин].
Сейчас я тот принесу,
60 копчённый.
Серёжа коптил.
Этот [Эрэк] тонкий, тоньше, только сейчас увидела.
А это – замша, которую я крашу.
Она у меня ещё не высохла. Вот так я крашу.
65 Потом надолго мне её хватит, много тарбаз сшить.
Это тоже коптят специально.
Выпоротки у меня есть,
выпоротки для чижей.
Я выкройкой всегда пользуюсь, чтобы не портить шкуру.
70 Без выкройки плохо, много портится, неэкономно.
Это вот для чижей,
а это растянутый был, да?
Сейчас Ольгины тарбаза сделаю.
Это – камус оленний.
75 Тоже вроде должно продолжение быть, а его для красоты делают.
Оригинально просто выделывают,
здесь уже другая половинка, вот это видишь,
она же должна вот так быть,
а я добавила сюда вот этот камус.
80 Так шьётся, сюда добавила.
Вот так сшивается, отдельно, всё по отдельности, всё подгоняется.
Красивый орнамент получается.
Долго носим тарбаза, наверно, не порвётся,
не то что сапоги, сапоги вон износились, а тарбаз долго будет.

I will soak it, when it is wet, I insert here, (dehaired skin from)
  a bearded seal.
My cousin brought the skin from a bearded seal from Palana.
Probably like yours, the skin from a bearded seal is better for soles.
Now I bring this,
60 smoked.
Serezha smoked it.
This is thin, I noticed that just now.
And this is suede (leather) that I dye.
I have not yet dried it. So here I dye it.
65 Then it will be enough for me to sew many boots for quite a long time.
They smoke this also in a special way.
I have cuttings,
cuttings for inner boots.
I always use cuttings in order not to ruin the skin.
70 Without cuttings it is bad, much gets ruined, (it's) not economic.
This is for the inner shoes,
and this was spread out, yes?
Now I make the boots for Olga.
This is reindeer leg skin.
75 This will also be for the extension, and they make this for its beauty.
They simply work on the original,
here the other half can be seen, you see,
it should already be like this,
and I added here this reindeer leg skin.
80 So it is sewn, here I attached it.
So it is sewn, separately, everything in parts, everything is matched.
A beautiful ornament comes out (from it).
We wear the boots for a long time, surely, they don't get torn,
not so rubber boots, but fur boots last a long time.

«Когда человек умрёт, тогда соседи сошьют»
М.К. Адуканова, с. Эссо, 09.03.2000

ELC3-02_6.2 ‖ 1 › 11:19 ‖ 5 › 11:49 ‖ 10 › 12:01

1   Крещев – это эвенский, чтобы это…погребальный,
   когда умрет, желание такое…вот у него…да Раина пара…
   Всегда делают узенькую, потому что,
   когда умирает человек, поставить,тяжело говорят, будет идти.
5   Сейчас дырку заштопаю,
   это ему, когда умрет, он наденет.
   У него есть уже торбаза.
   Сразу мы не делаем.
   Когда человек умрёт,
10 тогда только быстро-быстро соседи сошьют и надевают торбаза.
   У него есть уже готовые, только это пришить.

Indanova,
Oktriabrina Nikolaevna

Anavgai, 02.09.2000

**Инданова,
Октябрина Николаевна**

«Всё вместе получится летняя обувь из ровдуги»
О.Н. Инданова, с. Анавгай, 02.09.2000

ELC3-02_6.3 ‖ 1 › 12:10 ‖ 5 › 12:31

1   Эрэк «тырыш» гэрбэн.
   Эрэк ойган нукушың,
   нан умэтту бидин олачиң.
   «Олачиң» – гэрбэн.
5   Эрэк эчин хаңаныпчи нан бидин олачиң,
   ой и элэ нодыңадим, эли тоже нишагдим.

"When somebody dies then the neighbors finish sewing"
M.K. Adukanova, Esso, 09.03.2000

1 This is an Even (tradition), funerary (goods)
 if somebody dies, (you make these) earlier.
 You always make them tight because,
 if someone dies and puts them on, as they say, it would be heavy to walk
   (in them).
5 Now I will stitch this hole,
 it is for him (my husband), when he dies, he will wear it.
 He already has boots.
 We do not make them immediately.
 When somebody dies
10 then the neighbors only quickly, quickly finish sewing and putting on the
   boots.
 They are already prepared for him, but only in this prefabricated state.

"This results in summer boots from suede"
O.N. Indanova, Anavgai, 02.09.2000

1 This is suede (leather).
 This is for the insert of a bootleg,
 all together it results in summer boots from suede.
 It is called *olachik*.
5 It is sewn this way and you get summer boots,
 on top and here I ornament it, here I embroider beads.

---

1 Это «тырыш» (ровдугой) называется.
 Это для голенища вставка,
 всё вместе получится летняя обувь из ровдуги.
 «Олачиӈ» называется.
5 Это вот так сшивается и получится летняя обувь,
 наверху и вот здесь украшу, вот тут вышью бисером.

Koerkova,
Antonina Gennad'evna

Esso, 22.07.2002

**Коеркова,
Антонина Геннадьевна**

«Они одевают их в лес, табуны»
А. Г. Коеркова, с. Эссо, 22.07.2002

ELC3-02_6.4 ‖ 1 › 13:00 ‖ 5 › 13:28 ‖ 10 › 13:48 ‖ 15 › 14:18 ‖ 20 › 14:47

1   В этом году я шила в марте, как надо…
    Так…это мужские зимние торбаза,
    это надевается в зимний период времени мужчинами,
    они одевают их в лес, табуны, на рыбалку.
5   Это очень удобная зимняя одежда, зимняя обувь,
    которую в лесу не заменит никакое
    ни советское, ни российское производство обуви,
    даже самое дорогое.
    Вот это… используется внизу для подошвы лахтак, морской зверь.
10 Когда он пришивается к торбазам,
    подошва в последнюю очередь пришивается к торбазам.
    Его вымачивают сутки в воде,
    чтобы сам лахтак размяк и его было легче пришивать, как подошву.
    С внутренней стороны тоже постоянно обрабатывается
15 до такой степени, чтобы оно было мягкое,
    так как если оно будет твердое, то будет натирать мозоли, натирать
      ноги.
    Во-первых, разница в размерах:
    мужские намного огромнее, намного шире, чем женская обувь.
    Женская обувь намного нежнее смотрится на женской ноге, чем
      мужская.
20 Как я уже сказала, разница в размере, также в пошиве.

"They wear them in the forest and in the reindeer camp"
A. G. Koerkova, Esso, 22.07.2002

1 This year, I sewed in March...
These are men's winter boots,
they are worn in the wintertime by men,
they wear them in the forest, in the reindeer camp and when they are fishing.
5 This is very comfortable winter clothing, winter boots,
which cannot be replaced by anything else in the taiga,
neither by Soviet, nor by Russian manufactured boots,
not even the most expensive ones.
Here, at the bottom of the sole, you use the hide of the bearded seal,
    of that sea animal.
10 When it is sewn to the boot,
the sole is sewn to the boot at the very last.
They soak it 24 hours in water,
so that the bearded seal hide gets softer and will be easier to sew on as the
    sole.
From the inside it is also permanently processed
15 to the extent that it becomes soft.
If it is stiff, it will rub the calluses and the feet.
First, there is a difference in the size:
Men's (boots) are somewhat bigger, somewhat wider than women's boots.
A woman's boot is seen more gently at the woman's foot than a man's.
20 As I already said, there is a difference in size, as in the sewing.

«Они одевают их в лес, табуны»
(*продолжение*)

Это рабочая мужская обувь, торбаза рабочие мужские.
Это олень полностью.
Оленьи торбаза, они зашиваются по частям.
То есть берется полностью такой камус,
25 который берется для пошива торбаз,
здесь по краям обрезают, выравнивают.
Вот здесь бывает у оленя…вот, он как бы лечебный.
Когда олень болеет, он лечится этим органом у себя на копытах.
Вот этот орган вырезается, выравнивается, пришивается,
30 пришивается, где вырезали, пришивается – вот здесь видно.
Пришивается отдельно деталь…отдельная деталь,
и потом выкраиваешь боковые детали двух торбаз.
Значит, три детали зашиваются –
вот раз, два и три – три детали.
35 Кроме этой, то есть к этой пришиваются три детали.
Потом пришивается такая тесёмка,
тесёмка к остальной части торбаз,
пришивается вот такая тесёмка, и не видно,
невооруженным глазом её не видно.
40 Если присмотреться, то её можно различить.
Далее пришиваются подошвы и верхние…как это называется?
Как называется эта тесёмка? – Дялыпкир (завязки специальные).
Дялыпкир. Дялыпкир пришивается – это из кожи завязки
    пришиваются,
чтобы завязывать, натягивать,
45 «дялыпкир» называются.
Даже вот здесь подетально всё увидите.
Сколько деталей, сколько камусов – всё можно посчитать,
сколько камусов уйдет на один торбаз.
На один мужской торбаз уходит восемь оленьих камусов.
50 И это работа…это тоже кропотливая работа.
Вот здесь пришиваются привязки,
пришивают так, что они не открывались,
когда человек работает в лесу, табуне.

This is a man's work boot, men's work boots.
It is only from reindeer (fur).
Boots from reindeer fur that are sewn from parts.
For this one takes only reindeer leg skin
25 that you use for sewing boots.
Here they cut off the edges, they level them out.
Here the reindeer has such…, it's for healing.
When a reindeer falls sick, the hoof disease can be healed with this organ.
The organ is cut out, is levelled out,
30 it is sewn on where it has been cut out, you can see it here.
A separate detail is sewn on, a separate detail,
and then you cut the side parts for two boots.
That means, three parts are sewn,
one, two, three – three parts.
35 Beyond this, three parts are sewn here.
Then this seam is sewn on,
a seam to the remaining part of the boot,
such a seam is sewn to the boot, it is not visible,
it cannot be seen with the naked eye.
40 If you look closely, you can distinguish it.
And the soles are sewn on next and the upper…what are they called?
What do you call these seams? – *Dialypkir.*
Dialypkir are sewn on, these are bands from skin,
to bind them together and to tie them up.
45 They are called *dialypkir.*
Here you see everything in detail,
how many parts, how many reindeer leg skins, you can count them all,
how many reindeer leg skins go into one boot.
Into one man's boot go eight reindeer leg skins.
50 And this is work, it is also arduous work.
Here appendages are sewn on,
they are sewn so that they do not open up
when you are working in the forest or in the reindeer camp.

«Они одевают их в лес, табуны»
(*продолжение*)

Вниз торбаз подкладывают сено, солому,
55 и по-эвенски это называется, как оно называется, бабушка?
    [Он-кана гэрбэн? Тарбач омӈарап] – «Айта».
    «Айты», вот «айты» называется по-эвенски,
    то есть это подкладывали на подошву, чтобы не мерзли ноги.
    Ну всё, это всё.
    А в летний период одевают мужчины вот такие рабочие
60 мужские…это мужские одевают «чари», такие «чари» надевают.
    Это на летний период, это – на зимний.
    Разница в этом есть, и это очевидно.
    Об «олачиках» – это женская летняя обувь,
    Она шьётся так же из оленьей кожи.
65 Сверху вышивается орнамент по вкусу мастерицы.

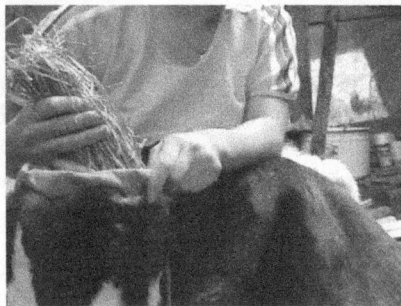

At the bottom of the boot you put hay, straw,
55 and what is this called in Even, what is that called, grandmother? –*Aita*.
Aity, they are called in Even.
They put it on the sole so that the feet will not get cold.
That's all.
But in summertime the men wear these working...
60 the men wear *chari*, these *chari* they put on.
This is for summer time, and this is for winter time.
There is a difference that is evident.
Olachiki are women's summer shoes,
They are also sewn from reindeer skin.
65 An ornament is sewn on top according to the seamstress's liking.

Lomovtseva,
Maia Petrovna

Esso, 16.04.2014

**Ломовцева,
Майа Петровна**

«Шьют торбаза из шкур оленьих ног»
М. П. Ломовцева, с. Эссо, 16.04.2014

ELC3-02_6.5   ‖ 1 › 19:44 ‖ 5 › 20:04 ‖ 10 › 20:23 ‖ 15 › 20:47

1   Эрэк унта леву, нисами,
    тэтучилдэвэн,
    эчин авашки-да уӈтэки аниладин.
    Аӈаннотта осалдук эвэштэлэ месеслэ
5   оран уӈдин осалдин.
    Эйду эрэв нишаввотта эртаки уӈнин
    аӈантимнин чэлэдин уӈӈөттэ.
    Табч эрэк ямдытаӈин гэрбэн ямдатин?
    Эрэк тирэшин бидин умтин, эрэк эшшэ,
10 эшшэнэ-ши қобаландуқ аӈануттан.
    Чэлэди эрэв эртэки уӈӈөттэ.
    Дялыпкирэн эрэк, табч эрэк умнун, умнун,
    эрэккэль нисами аӈанча бими, уӈӈөттэ
    аӈаннотта ач умнулэч, ач усилэч.
15 Нян эрич эртэки уӈӈөн нялашнотта ят-та,
    эрэккэль уӈэч няляриву норкач,
    эрэк оран уӈэн осалдуқунта-да эчин уӈкэччэву,
    минэкэччэв эрэв нодықаван,
    нодықан эчин эр одни.

"They sew the boots from the reindeer leg skin"
M. P. Lomovtseva, Esso, 16.04.2014

1   This boot goes on the left side,
    it is sewn for such boots,
    which you may give away as a gift, when you are visiting somebody.
    They sew the boots from the reindeer leg skin (that are taken) in August,
5   reindeer skin, which are taken from reindeer leg.
    All this they sew with beads on this side,
    on each bar for attaching beads.
    By the way, what is this called, what is that?
    This is perhaps a very old skin, this is skin,
10   it is sewn from bear skin.
    All this is made from that on this side.
    This is the outset, this is really fur, the outset,
    but this is trimmed with beads, they make it,
    they sew it without outset, without outset.
15   Here, on this edge they sew something,
    here I sew the fur of a mink at the edge,
    but this I made from reindeer leg furs,
    I cut these ornaments,
    they became these ornaments.

---

1   Этот торбаз на левую ногу,
    расшитый для такой обуви,
    которую можно подарить, когда едешь к кому-нибудь в гости.
    Шьют унты (торбаза) из шкур оленьих ног, августовских,
5   оленьих шкур, снятых с оленей ног животного.
    Всё это вышивают бисером по этой стороне, вот так,
    по всей полосе для вышивания бисером.
    Кстати, как же всё это называется, что же это такое?
    А это по-моему очень старая шкура, это шерсть,
10   из шерсти медвежьей сшито.
    Всё это сделано из этого по этой стороне.
    Завязка это, действительно это шнур, завязка,
    ну а это вышито бисером, делают
    шьют без завязок, без верёвочек.
15   Здесь по этому краю обшивают чем-нибудь,
    вот тут я обшила края шкуркой норки,
    а из шкурок из ног оленя вот так сделала,
    нарезала эти украшения,
    украшения вот такие стали.

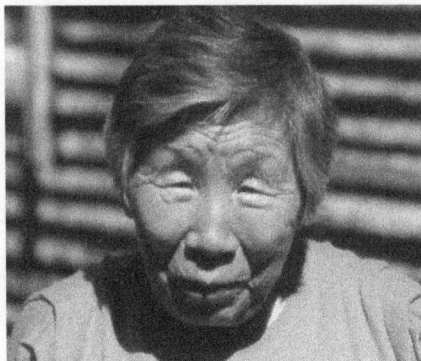

Adukanova,
Mariia Konstantinova

Esso, 09.03.2000

**Адуканова,
Мария Константиновна**

«Это эвенская шапка, когда в пургу едут»
М.К. Адуканова, с. Эссо, 09.03.2000

ELC3-02_6.6 ‖ 1 › 21:15 ‖ 5 › 21:56 ‖ 10 › 22:43 ‖ 15 › 23:43 ‖ 20 › 24:18

1 Так даже корой…кора дуба вот тут есть дерево такое.
Мы специально собираем и красим шкуру выделанную,
и поэтому, чтобы шкура была крашенная, мягкая…
с обеих сторон надо…
5 Каждую надо дырочку хорошо…
вот эту заштопаю прямо так…
Когда хорошо выделанная, долго носится,
но эта тоже будет долго носиться.
Тепло будет Вам.
10 Всё…а пускай будет так.
Эта будет держаться, она крепкая…
Всё ломается, сейчас почищу.
Я…вот это почистим…все серости.
Эвенская шапка, чукотская-то по-другому кроетсяю.
15 Ладно…эта с ушами…где-то у меня выкройки есть.
У меня чукотская, да у меня всякие выкройки есть.
По-чукотски, а эта эвенская.
Так…сейчас я расскажу.
Тебе я так сделала, чтобы тебе это, чтобы волосы…шерсть внутрь,
20 чтобы крепче было.
А тут я сделала собачьим…чтобы красиво
и заодно тепло чтоб было.

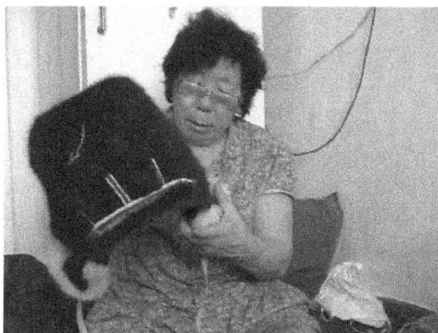

"This is an Even cap, when they travel in a snow storm"
M.K. Adukanova, Esso, 09.03.2000

1 Oak bark, there is such a tree.
We especially collect it and dye the prepared fur (with it),
so that the fur is dyed and becomes soft.
One must work from both sides.
5 Each hole one must be well…
this one I darn right so.
If it is well-prepared, it can be worn a long time,
and this one can also be worn a long time.
You will be warm.
10 That's all. Let it be so.
This will keep, this is strong.
Everything breaks, now I clean,
we will clean this, all that is grey.
An Even cap, the Chukchi cap is cut differently.
15 All right…this with ears…where are my sewing patterns?
I have a Chukchi, yes, I have various sewing patterns.
In the Chukchi style, but this is an Even cap.
Now I will tell you.
For you I have done it this way, so that the hair is inside,
20 so that it will be strong.
And here I put dog fur so that it will be beautiful
and so that it will just be warm.

«Это эвенская шапка, когда в пургу едут»
(продолжение)

Надо вот это ещё сшить.

С той стороны порвалось, эту дырку зашью.

25 Сейчас покажу, какая она получится готовая шапка.

Только тут я висюльку сделаю, это у меня помощница.

Я вот так вот, вот тут я повешу, чтобы они висели красиво, хорошо?

А это можешь, если жарко будет, вот так завяжешь, ладно?

Это видишь – сзади.

30 Сейчас мы сделаем вид, товарный вид.

А это собачьи лапки вот эти, ну для красоты и чтобы тепло было.

Потому что на севере, когда на оленях ездят, холодно же бывает.

Всё запуталось, не хочет слушаться.

Вот так вот я делаю, мне-то она большая, вот так вот сделаешь.

35 Вот когда будешь ехать на буране…

Сюда вот пришью, чтобы держалось вот это.

Чтоб тепло было, чтоб ветер не дул.

А вот это тепло тебе будет давать.

Вот это, но ведь у тебя большая шапка, а у меня – маленькая.

40 Крутится вот так вот…вот так.

Ну что? Нормально, да?

Это эвенская шапка, когда в пургу едут,

чтобы сюда…лоб не мёрз.

А тут тоже вот так тепло.

45 Завяжешь шарфик, было бы чем завязать – и никакой холод тебя
не возьмёт!

I have to sew this again.
From this side it was torn, this hole I have to sew.
25 Now, I will show you, how it worked.
The ready-made cap, just here I will make a pendant, this is my helper.
And so here, so I hang them, so that they hang beautifully, well?
And, if it gets warm, you can tie it like this, all right?
This, you see, it is the backside.
30 Now we make the appearance.
And these are dog paws, well, for its beauty and so that it will be warm,
so that they won't be cold when they travel with reindeer in the north.
Everything is tangled, it will not conform.
I make it this way, it is big, so you make it.
35 And when you go on the snowmobile…
Here I will not sew it so that it holds like that.
And so that it will be warm, so that there will not be wind.
And this will give you warmth.
you have a big (head), I have a small one.
40 It turns…this way.
Now what? Fair enough?
This is an Even cap, when they travel in a snow storm,
this goes here so that the lips are not cold.
And there it is also warm.
45 You put on a scarf, and tie it – and no cold will seize you.

эвены

чавчувены (коряки)

• Хаилино

нымыланы (коряки)
олюторы (коряки)

Палана •

•Оссора

ительмены

чавчувены
(коряки)

эвены

• Анавгай
• Эссо

Петропавловск-Камчатский

Камчатка

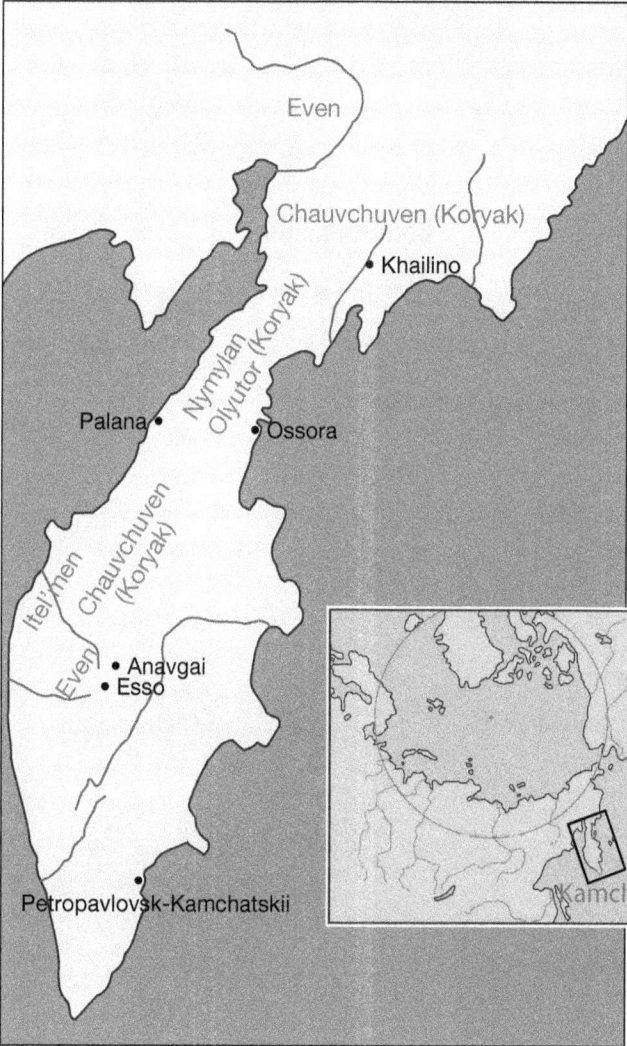

Содержание

Воспоминания

М.К. Адуканова

"У меня юрта была"   ELC3-01_1.1   12
"Тяжело шить, выделывать, сразу никак"   ELC3-01_1.2   14

Т.П. Тылканова

"Разную обувь шьют"   ELC3-01_2   18

Д.Б. Адуканова

"Когда с детства наблюдаешь"   ELC3-01_3.1   20

М.П. Ломовцева

"Она делает жильные нитки"   ELC3-01_3.2   24
"Тогда в табуне"   ELC3-01_3.3   26

О.П. Смирнова, А.А. Смирнов

"Замшу ее делают сами"   ELC3-01_4   40

Н.Г. Баркавтова

"Меховой мешок для вещей"   ELC5-01_5.1   48
"Шапку себе шью"   ELC5-01_5.1   50

Contents

Remembrances

M.K. Adukanova

"I had a yurt in the North"   ELC3-01_1.1   13
"Sewing and cutting is tedious"   ELC3-01_1.2   15

T.P. Tylkanova

"They sew various kinds of footwear"   ELC3-01_2   19

D.B. Adukanova

"If you observe from childhood"   ELC3-01_3.1   21

M.P. Lomovtseva

"She makes this thread from sinew"   ELC3-01_3.2   25
"Back then, in the reindeer camp"   ELC3-01_3.3   27

O.P. Smirnova and A.A. Smirnov

"Suede leather, we make ourselves"   ELC3-01_4   41

N.G. Barkavtova

"A leather bag"   ELC5-01_5.1   49
"I sew a fur cap"   ELC5-01_5.1   51

Обработка шкур

Е.И. Адуканова

    "Чтобы шкура была хорошей"   ELC3-02_1.1   62
    "Скоблю шкурку для рукавиц"   ELC3-02_1.2   66

В.И. Чикинёва

    "Вся мездра должна сняться"   ELC3-02_1.3   68

М.П. Ломовцева

    "Скребок этот мне бабушка отдала"   ELC3-02_1.4   74

О.Н. Инданова

    "Чтобы из шкуры сделать замшу"   ELC3-02_1.5   78

М.К. Адуканова

    "Намазываю мягкими чтобы стали"   ELC3-02_1.6   80

У.М. Неревля

    "Камень для скребка берут из места …" ELC3-02_1.7   82

Окрашивание

М.П. Ломовцева

    "У каждой мастерицы свой цвет"   ELC3-02_2   86

Preparing furs

E.I. Adukanova
   "That the skin will be good"   ELC3-02_1.1   63
   "I scrape the skin for making gloves"   ELC3-02_1.2   67

V.I. Chikineva
   "All the flesh side must be taken off"   ELC3-02_1.3   69

M.P. Lomovtseva
   "This scraper my grandmother gave to me"   ELC3-02_1.4   75

O.N. Indanova
   "To make suede from the fur"   ELC3-02_1.5   79

M.K. Adukanova
   "I smear them so that they become soft"   ELC3-02_1.6   81

U.M. Nerevlia
   "They take the stone for the scraper from the place ..."   ELC3-02_1.7   83

Dyeing

M.P. Lomovtseva
   "Each seamstress has her own color"   ELC3-02_2   87

Шитьё

О.Н. Инданова

    "Эту нитку из сухожилия прядут"   ELC3-02_3.1   110

М.К. Адуканова

    "Эту нитку так делаю"   ELC3-02_3.2   112

А.Г. Коеркова

    "Вышивание вышивается оленьим ворсом"   ELC3-02_3.3   114

М.П. Ломовцева

    "Из такой шкурки шапка будет"   ELC3-02_3.4   116
    "От пальца измеряют длину"   ELC3-02_3.5   126

Е.И. Адуканова

    "Чтобы везде свободная обувь была"   ELC3-02_3.6   142

Женская одежда

А.Г. Коеркова

    "Каковы женские руки, какие они ласковые, сильные"   ELC3-02_4.1   146

М.П. Ломовцева

    "Одевались так по-эвенски"   ELC3-02_4.2   150
    "Мне хотелось повторить покрой отцовской шапки"   ELC3-02_4.3   178
    "Чтоб было красиво, когда танцуют"   ELC3-02_4.4   182

Sewing

O.N. Indanova
"This thread they twist from reindeer tendons"   ELC3-02_3.1   111

M.K. Adukanova
"This thread I make this way"   ELC3-02_3.2   113

A.G. Koerkova
"Embroidery, which is stitched from reindeer neck hair"   ELC3-02_3.3   115

M.P. Lomovtseva
"From this piece of fur the cap is made"   ELC3-02_3.4   117
"With the finger they measure the length"   ELC3-02_3.5   127

E.I. Adukanova
"That the boot will be ample everywhere"   ELC3-02_3.6   143

Women's clothing

A.G. Koerkova
"What female hands, how gentle and strong they are"   ELC3-02_4.1   147

M.P. Lomovtseva
"So they dressed in the Even way"   ELC3-02_4.2   151
"I wanted to repeat the application of my father's cap"   ELC3-02_4.3   179
"So that it will be beautiful, when they dance"   ELC3-02_4.4   183

Узоры

Е.Г. Адуканова

"Вышивание на рыбалке" ELC3-02_5.1 188

О.Н. Инданова

"Так навсегда остаются в памяти узоры" ELC3-02_5.2 190

М.П. Ломовцева

"Она это сама делала вместе с бабушкой" ELC3-02_5.3 194

А.Г. Коеркова

"У каждого народа на Камчатке существует свои узоры" ELC3-02_5.4 202

М.П. Ломовцева

"Так предупреждали эвены раньше" ELC3-02_5.5 212
"Кочевка видно очень на снегу" ELC3-02_5.6 224

Обувь и шапка

М.К. Адуканова

"Сейчас нет оленей, какую обувь будете носить" ELC3-02_6.1 248
"Когда человек умрёт, тогда соседи сошьют" ELC3-02_6.2 254

О.Н. Инданова

"Всё вместе получится летняя обувь из ровдуги" ELC3-02_6.3 254

А.Г. Коеркова

"Они одевают их в лес, табуны" ELC3-02_6.4 256

М.П. Ломовцева

"Шьют торбаза из шкур оленьих ног" ELC3-02_6.5 262

М.К. Адуканова

"Это эвенская шапка, когда в пургу едут" ELC3-02_6.6 147

Ornaments

E.G. Adukanova

"Bead embroidery at the fishing camp" ELC3-02_5.1 189

O.I. Indanova

"So the patterns stay forever in the memory" ELC3-02_5.2 191

M.P. Lomovtseva

"This she has made by herself with her grandmother" ELC3-02_5.3 195

A.G. Koerkova

"Every people living in Kamchatka has its own patterns" ELC3-02_5.4 203

E.I. Lomovtseva

"This way Evens protected themselves earlier" ELC3-02_5.5 213
"The reindeer migration is seen well against the snow" ELC3-02_5.6 225

Footwear and fur caps

M.K. Adukanova

"When there are no reindeer, which shoes will you wear" ELC3-02_6.1 249
"When somebody dies then the neighbors finish sewing" ELC3-02_6.2 255

O.N. Indanova

"This results in summer boots from suede" ELC3-02_6.3 255

A.G. Koerkova

"They wear them in the forest and in the reindeer camp" ELC3-02_6.4 257

M.P. Lomovtseva

"They sew the boots from the reindeer leg skin" ELC3-02_6.5 263

M.K. Adukanova

"This is an Even cap, when they travel in a snow storm" ELC3-02_6.6 265

Эрих Кастен, Раиса Авак (составители)

Духовная культура эвенов Быстринского района
Even Tales, Songs and Worldviews, Bystrinski district

2014, Fürstenberg/Havel: Kulturstiftung Sibirien
200 pp.
Euro 18, paperback
ISBN: 978-3-942883-20-7

Languages and Cultures of the Russian Far East
http://www.siberian-studies.org/publications/lc_R.html

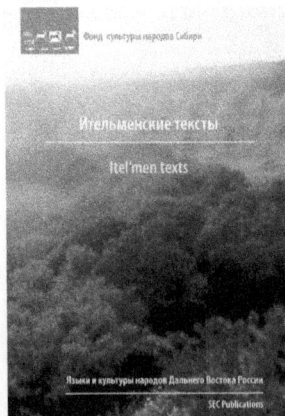

Эрих Кастен (составитель)

Духовная культура коряков-нымыланов с. Лесная Мировоззрения и ритуальные праздники
Worldviews and Ritual Practice Coastal Koryaks (Nymylans), Lesnaya, Kamchatka

2017, Fürstenberg/Havel: Kulturstiftung Sibirien
168 pp.
Euro 18; paperback
ISBN: 978-3-942883-32-0

Languages and Cultures of the Russian Far East
http://www.siberian-studies.org/publications/lc_R.html

Эрих Кастен, Михаэль Дюрр (составители)

Ительменские тексты
Itelmen texts

2015, Fürstenberg/Havel: Kulturstiftung Sibirien
164 pp.,
Euro 18; paperback
ISBN: 978-3-942883-22-1

Languages & Cultures of the Russian Far East – www. siberian-studies.org/publications/lc_R.html

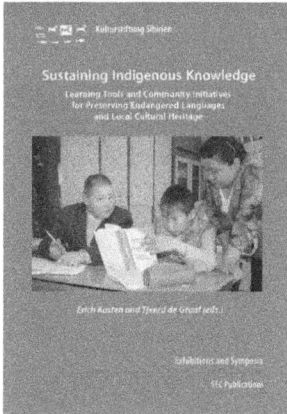

Kasten, Erich and Tjeerd de Graaf (eds.)

**Sustaining Indigenous Knowledge:
Learning Tools and Community Initiatives
for Preserving Endangered Languages and Local
Cultural Heritage.**

2013, Fürstenberg/Havel: Kulturstiftung Sibirien
284 pp., 22 color photos (for the North American
edition: black & white)
Euro 26, USD 35; paperback
ISBN: 978-3-942883-12-2

Exhibitions & Symposia
http://www.siberian-studies.org/publications/exsym_R.html

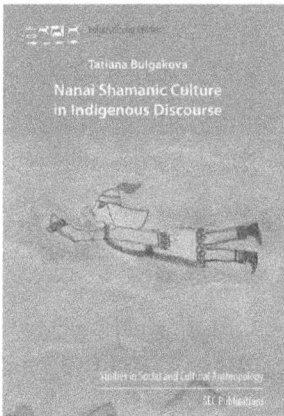

Bulgakova, Tatiana

Nanai Shamanic Culture in Indigenous Discourse

2013, Fürstenberg/Havel: Kulturstiftung Sibirien
264 pp., 5 color photos (for the North American
edition: black & white)
Euro 28, USD 39; paperback
ISBN: 978-3-942883-14-6

Studies in Social and Cultural Anthropology
http://www.siberian-studies.org/publications/studies.html

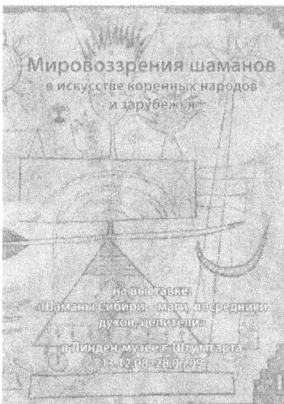

Эрих Кастен

**Мировоззрения шаманов
в искусстве коренных народов и зарубежье**
[Shamanic Worldviews in Indigenous and Western
Art, with Russian, English and German subtitles]

2009, Fürstenberg/Havel: Kulturstiftung Sibirien
Video DVD, 50 min.
Euro 18

Multimedia ethnographies on DVD
http://www.siberian-studies.org/publications/films_R.html

www.ingramcontent.com/pod-product-compliance
Lightning Source LLC
Chambersburg PA
CBHW020341270326
41926CB00007B/266